生命，因閱讀而大好

核心思維

코어 마인드

喚醒你的內在力量

33個心靈強化練習，
告別焦慮＆調適壓力，
培養積極心態！

池羅英（지나영）——著
林育帆——譯

PREFACE

為了活出自己，
你需要堅韌的內在力量

二十二年前，我在毫無計畫的情況下飛往美國波士頓，那裡我誰也不認識。我遇到計畫之外的一連串機會，在美國接受精神科培訓，而非韓國。從那時至今，我在美國以醫師兼教授身分替許多病人看診，並為自己是名優秀醫師而感到自豪。

儘管如此，我必須承認，我是在歷經自身病痛的艱苦鬥爭後，才真正體會到人類所經歷的痛苦究竟有多深。受到病情影響，我經歷了從醫師到病人一百八十度的角色轉變，而這個變化撼動了我的身分。我也曾感到茫然、無精打采，那種感覺就像是我正赤手空拳穿越一座名為不治之症的叢林。正當我以為自己的病好得差不多時，可怕的痛苦與折磨又再次找上門，使我不得不忍受前功盡棄的空虛與煎熬。

向來只顧著往前衝刺的人生瞬間停擺，雖然是被迫的，卻給了我反思的時間。在這個過程中，我所學到的東西比迄今為止的研究或訓練都來得多，書中介紹的呼吸法與冥想法就是那時

學到的。對我來說，它所帶來的祝福遠遠勝過一切。發病至今已將近六年了，幸運的是，我已復元許多，而且在歷經巨大困境後，我才能在創傷後繼續成長，這令我十分感恩。

我很慶幸自己回家接受治療，讓我有機會觀察離開十七年的韓國。遺憾的是，東方社會普遍存在著憂鬱、焦慮、自殺、自殘、低自尊、關係問題等各種難題，而且我發現這種陰沉想法徹底滲透學齡前孩童、青少年、青年、中年、壯年，甚至是老年人。在醫學與科技突飛猛進的二十一世紀，人們內心的痛苦似乎比上一個世紀要來得大。

如果設法尋找我們內心所面臨的諸多痛苦根源，會發現我們經常對自己、他人及世界抱持負面看法，諸如「我是沒用的人」、「別人不過是我必須擊敗的競爭對手」、「世界就像血淋淋的戰場」等消極念頭。在心理學中，這些根深柢固存在於我們內心的信念稱為「核心信念」（Core Beliefs）。因此，若能以健康方式改變這種核心信念，就能減少許多內心的痛苦。換句話說，只要「心靈核心」變得更健康，就能輕而易舉地突破心理上的難關。我將這個心靈核心稱為「核心思維」。如同想鍛鍊出健康的身體，就要讓腰腹肌肉等「核心身體部位」結實健壯才行一樣，若想克服人生的困境與坎坷，一路順遂地好好度日，就必須鞏固位於心靈核心的「核心思維」。

我是教授，也是臨床教育工作者，主要工作是探究如何輕鬆向人們傳達有用的內容。因此，我想簡單教導被內心痛苦所困擾的人們如何強化核心思維（當然，如果你患有嚴重的憂鬱或焦慮症狀，還是建議接受專業人士的治療與診斷）。

這本書就像一本教科書，有系統地整理出我以此用意所建構出的各種課程。雖然讀書時你會覺得自己好像什麼都知道，而且可以馬上付諸實踐，但是一旦闔上書，它就不會留在你的記憶中，而且有時會難以實行。我編寫這本書，是為了讓自己可以即時想起學過的內容，而非僅止於閱讀的當下。書中收錄許多例子，我也為諸多技巧取了方便記住的名稱，希望它可以成為讓你隨身攜帶，在需要時拿出來翻閱，並幫助你鍛鍊核心思維的一本書。

當然，你也可以涉獵更艱深的學習內容；或者，只要徹底熟悉這本書收錄的核心思維訓練法，就會大有助益。相信你會更加瞭解我們生活中所遭遇的內心痛苦，同時亦能明智地解決各種疑難雜症。

由衷希望讀這本書的每個人都能過著滿足的生活，並且擁有一顆平靜幸福的心。謝謝。

『Part 01 **隨心所向，設計自己的人生**』

CONTENTS

『 Part 02 擁抱我與生俱來的價值與美好 』

『Part 03 我決定別人該如何對待我』

『 Part 04 就算跌倒，也要一步一步往前走 』

Part 1

隨心所向，設計自己的人生

人們感到心累，原因從何而來？

為求生存所衍生的壓力反應

我在韓國出生長大，目前已在美國生活了二十三年。就物質層面來說，美國和韓國都已發展成為世界上最頂尖的國家。以國內生產毛額（GDP）數值來看，美國排名世界第一，韓國則排名世界第十（國際貨幣基金組織，二〇二一）。進入二十一世紀中期的現今，我認為「生活安逸」國家的人民，至少應該過著擔憂少、煩惱少的安穩生活。然而，為什麼我們的社會上仍然有那麼多人每天都懷著難受的心情過日子呢？

雖然許多人試圖維持正向心態與平常心，但是並不容易。一旦暴怒生氣，人們往往會忘記之前自己所承諾過的一切。而且當事情不順遂時，人們也會感到不安。當各種擔憂與煩惱籠罩心靈時，憂愁就會逐漸累積。該如何才能好好調適憤怒、焦慮、擔心、憂愁、不滿、不耐煩、無助感等負面情緒，進而減少內心的痛苦呢？其實，只要瞭解人類心理的基本原理，就能離解決方案更進一步。

面臨危險時所需的反應

當我們的大腦遇到某種狀況或外在刺激時，想法就會自動浮現在腦海，這種想法可能在我們意識到之前就產生了，而且它們通常是負面的，而非正面的。在心理學中，這被稱為自動化負面思考（Automatic Negative Thoughts）。大腦之所以會自動先浮現出負面想法，也跟人類遺傳基因中所記載的生存本能有關。讓我們回到人類還只是動物時的過去，一探究竟吧！

我說的是原始人還住在洞穴裡的時代。在當時，如果你負面看待自己所處的環境，並提高警覺，而非樂觀解讀它，你就有更高的存活機率。如果聽到洞穴外有不明聲響，但你卻一派從容地想「應該是風聲吧」，那你很有可能會被猛獸吃掉。相反地，如果你自動聯想到的是「大事不妙了，一不小心可能就會沒命」，隨即猛然起身採取戒備狀態，你或許就能活下來。對於幾乎不曾遇到須擔心生命受到威脅的現代人來說，過往對生存有益的自動化負面思考依然存在著。

當我們的大腦察覺到威脅時，體內所發生的一連串反應稱為壓力反應（Stress Response），它可以說是一種生存反應，能有效應付我們所面臨的危險。

大腦中直接介入壓力反應的部分，稱為邊緣系統（Limbic System），位於大腦外層的大腦皮質下方。邊緣系統包含杏仁核、下視丘、海馬迴等構造，它們在情緒、自律神經系統調節、記憶等層面扮演重要角色，並以相當複雜的方式參與壓力反應。

當我們受到威脅時，杏仁核便會被活化，進而引發一連串的壓力反應，體內則會分泌壓力荷爾蒙——皮質醇和腎上腺素。下視丘可以說是自律神經系統的指揮中心，一旦危險狀況被傳達至該處，它便會向全身發出訊號，以應付威脅。也就是說，在自律神經系統中，交感神經會變得亢奮，副交感神經則會受到抑制，進而引起一連串的身體變化。

因交感神經亢奮而引起的身體反應稱為「戰或逃反應」（Fight Or Flight Response）。既然猛獸出現了，你若不跟牠搏鬥，就是逃之夭夭。在這種緊急狀況下，透過交感神經的作用，瞳孔會放大，心臟會快速且劇烈跳動，血壓和脈搏會增加，呼吸也會

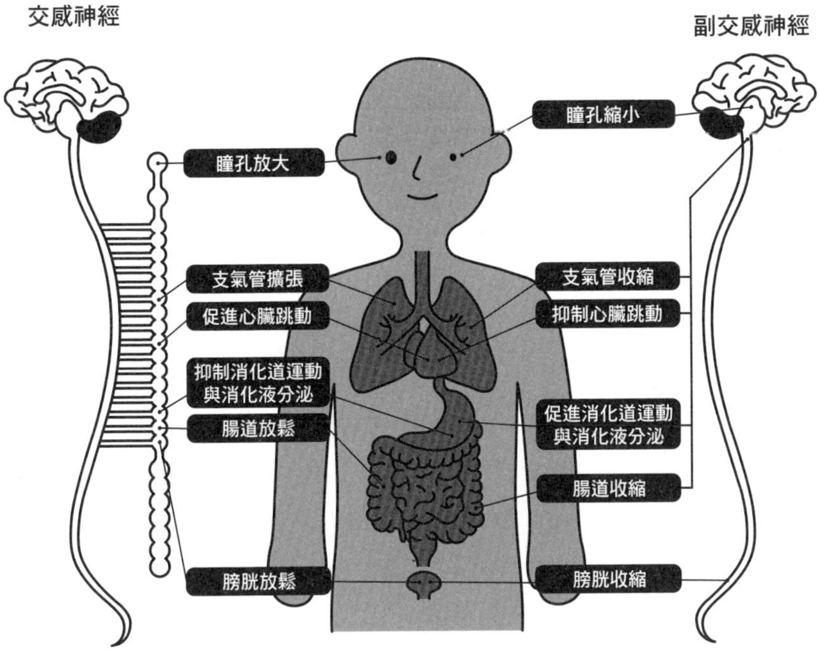

變得急促，這都是為了提供身體更多的血液和氧氣。

這時，血液和氧氣最該優先送至何處呢？答案是需要快速且劇烈跳動的心臟，以及戰鬥或逃跑時要派上用場的四肢大肌肉。反之，緊急狀況下送往不需要的器官或構造的血液和氧氣會減少，進而降低它們的功能。像是負責腸道蠕動和高階思考的大腦皮質功能下降，免疫功能也會停止。畢竟現在是攸關生死的狀況，難道腸道蠕動和免疫功能會釀成問題嗎？

若在如此緊張的準備過程中，你發現洞穴外傳來的聲響只是樹葉隨風飄動的聲音，會發生什麼事？判斷這件事的工作主要是由前額葉皮質（Prefrontal Cortex）來負責。在它評估視覺、聽覺、觸覺等感官與身體反應，並觀察各種狀況，做出安全的判斷後，便會對邊緣系統中的杏仁核和下視丘發送「安全、沒有威脅」的訊號。接下來就會引起跟剛才相反的反應，皮質醇和腎上腺素分泌減少，交感神經的作用減弱，副交感神經則會變得亢奮。如果說交感神經亢奮反應稱為「戰或逃反應」，那麼副交感神經亢奮反應便可稱為「休息與消化反應」（Rest And Digest Response）。前額葉皮質會發送「現在是安全的，可以好好休息，進行腸道蠕動等作用，並重新復歸」的訊號。

現在不再需要的壓力反應

由於壓力反應是生存必要的現象，因此被妥善保存於人類的遺傳基因中，並代代相傳。然而，在現代社會，即使外面傳來任何聲響，我們也幾乎不可能被猛獸吃掉。話雖如此，礙於我們的大腦與身體跟不上世界改變的速度，因此仍無法加以區分。

另一件有趣的事情是，並非只有擔心被猛獸吃掉的「恐懼」與「焦慮」情緒會引起壓力反應，憤怒、衝突、心理壓力等情緒也會引起壓力反應，也就是戰或逃反應。從某個角度來看，在史前時代，鄰居之間的衝突也很有可能演變成濺血鬥爭。或者，當你無法盡到自己角色應盡的責任時，也可能會落入被漠視或被拋棄的危險處境。由於許多負面情緒都跟生存威脅有直接關係，因此人類認為一旦出現那種情緒，就會自動產生備戰狀態的反應，以保護自己。

這種優勢直接傳承下來，因此當現代人感受到焦慮或憤怒等負面情緒時，立刻就會出現戰或逃反應。你肯定有過這樣的經驗，當你感到生氣或焦慮時，會難以運用可進行高階思考的大腦做出合理判斷，可能也會覺得腸道不適。不過，請你想想看，如果這種緊急備戰的壓力反應持續許久，疲憊感將會逐漸累積，最後你將會精疲力盡。如果長期暴露在壓力下，各種免疫系統也會出問題。事實上，壓力正是「萬病的根源」。

自動化負面思考對於活在現代社會並沒有太大幫助，如果想避免陷入而引起壓力反應，該怎麼做呢？

世界由心而生

精神科醫師們的商業機密
——認知行為治療

自律神經功能顧名思義就是「自律的」，幾乎不可能有意識地加以控制。我們無法隨心所欲地控制脈搏、血壓、腸道蠕動等。不過，有兩個方法可以有意識地控制生氣或焦慮時所產生的交感神經亢奮反應。一個是調整呼吸，我將在後續章節仔細說明呼吸帶來的影響與具體呼吸法。另一個是透過轉念來修正自動化負面思考。一定有人會問，明明情況沒有改變，就算想法改變了，又會有何不同？然而，思想的力量遠比我們所想像的來得強大。將負面想法轉變為偏中立、正面的想法，也是精神科醫師在治療病人時最注重的環節。

大腦中主要掌管情緒的部位是杏仁核，但因為情緒是自動產生的，因此我們難以隨意控制已產生的情緒。就像你叫傷心想哭的人不要難過，對方的悲傷情緒並不會因此消失一樣。然而，你可以控制「引起情緒的想法」。舉例來說，當你因為全心全意撫養你的奶奶過世而感到難過時，要擺脫悲傷情緒是很困難的，但只要回憶起跟奶奶共度的美好時光，悲傷的心情就會減輕一些；而且，當你想起溫暖擁抱過你的奶奶，你將會感受到愛的情緒。

有些人覺得情緒不須經過任何思考的過程，就會直接流露出來——但實際上是大腦在極其短暫的瞬間思考了某件事，情緒進而從該想法中產生。如同前面所看到的，恐懼與焦慮的情緒來自於「難道洞穴外有猛獸？」的想法。這種主要透過「改變想法」對情緒與行為帶來正向變化的治療方法，稱為「認知行為治療」（CBT, Cognitive Behavioral Therapy），心理諮商師和精神科醫師主要的商業機密就藏在其中。

想法差異所帶來的變化

來精神科就診的人通常會提出「情緒」與「行為」問題，然而「想法」往往才是情緒與行為的根源。「情緒」會根據我們的想法而改變，這是大腦的立即反應。當你想到「感謝」時，大腦中的血清素與多巴胺會增加，心情也會跟著變好；反之，當你感到憂鬱時，血清素與多巴胺會減少，你就會感到情緒低落。這些心情與情緒會對行為造成莫大影響，而想法又會根據該行為而再次受到影響，於是你會經歷「想法→情緒→行為→想法」這樣的循環。它們彼此之間也具有相互作用，這就是亞倫・貝克（Aaron T. Beck）博士研究後所整理而出的認知模型（Cognitive Model），而以認知模型為基礎所進行的治療，則稱為認知行為治療。

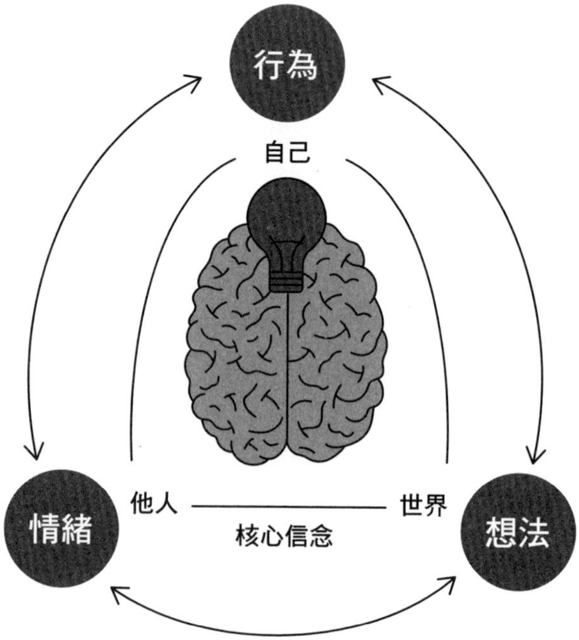

許多人因自動化負面思考導致的困難情緒而受苦，同時也在現實生活中面臨困境。如果我們能將這些負面想法轉變為健全想法，不就能減輕內心的痛苦嗎？這些偏中立且正向的想法，就是「替代想法」（Alternative Thoughts）。

從現在起，我會告訴你許多方法，藉由替代想法改變你的思維與看待世界的視野，而不是透過自動化思考。只要你改變想法，情緒就會改變；只要情緒改變了，行為也會跟著改變。當行為逐一凝聚，最後將會成為人生的旅程，只要練習與努力，各位的人生勢必也會朝著更健康的方向發展。

我們來看一個認知行為治療的例子。一位年輕人因為憂鬱症症狀而來找我治療，他向我訴說的其中一個難題是，他有心儀的女生，但要跟對方約會很不容易。讓我們來看看那位年輕人的內心世界吧！

場景 A：治療前

- **想法：**每當約會時，女生們都不喜歡我，因為我並不是一個有魅力的男人。
- **情緒：**焦慮、擔心、羞愧。

- **行為：**無法有自信地約女生出去；就算出去約會，表情也很沉重，而且處於緊張狀態，行為舉止不自然又尷尬。

這位經常因類似經驗而感到心累的年輕人，開始接受我的認知行為治療。治療過程中，我發現他對於「人們不喜歡我」、「我是差勁的人」深信不疑。治療期間，他學習並練習了偏中立且正面的替代想法，在過程中慢慢有了變化。讓我們再來看看他的內心吧！

場景 B：治療後

- **想法：**我是不錯的人，雖然有人不喜歡我，但是一定也有人喜歡我。
- **情緒：**期待、興奮、抱有希望。
- **行為：**約心儀女生出去，約會時相談甚歡，度過有趣的時光。道別時，約好下次再出來玩。

這樣整理過後，你是不是更能明白「情緒和行為會根據想法而改變」這句話呢？既然如此，為什麼有些人從一開始就抱持正面想法，有些人卻充滿著負面想法呢？

你的核心信念如何呢？

根據認知模型，人類具有核心信念（Core Beliefs）。核心信念是由跟自己、他人和世界有關的一切事物所構成的。它們是關於我是誰、別人是什麼樣子、世界是什麼樣子等根深柢固的信念。請參考以下出自雷克托博士（Mary F. Recto）核心信念項目（The Core Beliefs Inventory）中關於「我」的項目，這些句子代表健全的核心信念。

1. 我是有價值的人。
2. 我有能力。
3. 我是獨立的人。
4. 我可以自己做決定。
5. 我的想法和情緒很重要。
6. 我是值得被愛與被尊重的人。
7. 我是好人。
8. 我值得獲得成功。
9. 我值得擁有幸福。
10. 我是值得擁有人生中美好事物的人。
11. 我值得擁有健康。

12. 我足以實現財務穩定這件事。

13. 我有資格對生活感到滿意。

14. 我有資格感受到人生的目標。

15. 我值得擁有歸屬感。*

對自己、他人、世界的核心信念深植於我們心中，假如有人帶著「我是沒出息的人，誰會喜歡我」、「世界上沒人可以相信，要時時刻刻當心」、「活在世界上真的太難了，一堆煩心事，根本沒希望」，那麼他將難以用中立或正面的視角看待任何狀況，而且很有可能會負面思考，被負面情緒籠罩，乃至做出負面行為。這樣下去，他將會面臨人際關係的障礙等各種問題。

我們再來談談剛才那位年輕人的故事。如果那位年輕人沒有改寫場景 A，那麼以後他極有可能無法好好跟女生約會，而且也很難再約第二次。如果是這樣，他將會更加確信「我想的果然沒錯，沒人喜歡我」。

反之，如果像場景 B 一樣改變想法，他將有可能開心赴約，甚至有可能成功再約到第二次。如果是這樣，他將會相信「我

* Recto, M. F.（2010）. Core Beliefs and Psychopathology：The Core Beliefs Inventory and Clinical Practice, Springer Science & Business Media.

想的沒錯，我是一個好人，有很多人喜歡我」。

從某種角度來看，這也是說明「結果會如同自己所想」的自我實現預言（self-fulfilling prophecy）的例子。這與被稱為「汽車之王」的美國汽車公司福特創辦人亨利．福特（Henry Ford）說的話有異曲同工之妙。

「無論你認為自己做得到或做不到，你都是對的。」（Whether you think you can or you think you can't, you are right.）

也就是說，最終結果會如同自己所想的發展，所以自己的想法總是正確的。像這樣，在相同的情境下卻做出不同的思考，往往是源自於那個人的核心信念。在前文提到的年輕人例子中，如果一個人抱持「我是不被愛的人」的核心信念，便很容易落入場景 A 的處境。反之，如果一個人抱持「我是被愛的人」的核心信念，便很容易進入場景 B 中。認知行為治療的目標是，將不健全的核心信念修正得更加健全，進而對情緒與行為帶來正向改變。

我們透過觀察、聆聽、觸摸、嗅聞、品嚐等感官與行為，收集跟狀況有關的資訊，大腦再根據那些資訊去判斷現實是怎麼一回事。可是，如同前面所看到的，人類的大腦並不會絲毫不差地去解釋那些資訊，因此即使發生相同的事情，自己所認知的現實與他人所認知的現實必然會有所不同。

這樣看來，要說每個人都擁有相同且絕對的現實是很困難的，畢竟每個人所認知的現實不盡相同，而且所謂的「絕對現實」根本不存在，因此也很難說哪個人所認知的現實更好或更正確。

不過，核心信念正面的人即使遭遇一樣艱辛的事，他也會試圖採用正向觀念去理解。舉例來說，就算被別人背叛了，他也會心想「雖然這次遇到壞人，但是我相信世界上還有更多好人」。有別於此，核心信念負面的人會認為「果然不出我所料，我早就知道會這樣了，世界上果然沒有人可以相信」，最後反而使自己的負面信念增強。

如果是這樣，懂得用正向觀念解讀狀況的人，跟總是用負面角度看待事情的人，誰比較容易遇到更多正面的事呢？如同前面提及的年輕人的例子，一個人若是經常抱持負面想法，後續將會導致一連串的負面結果。就像「一語成讖」這句話一樣——無心的念頭確實成真了。

為了終結這個惡性循環，最好改變負面核心信念，並採用正面且中立的替代想法。無論如何，自己所面臨的現實來自於個人的認知與思考，因此我們都有能力改變那個念頭。

每個人都受邀參加派對，唯獨你沒有收到邀請，如果你為此感到失落，與其想著「難道是因為不喜歡我才沒邀請我的嗎」，不如試著想「一定有什麼我不知道的因素」，而且還要相信「我是值得被愛的人，我是很棒的人」。

核心信念不會一朝一夕就改變，但只要持續努力練習，就有機會改變它。如果每個人都能以更正向的視角來看待自己、他人與世界，我們的社會將變得更健康、更和諧。

轉換想法，從發現 5 個思考錯誤開始

認知行為治療通常是治療師依照手冊來進行治療，大部分的手冊都是為期十二週左右的課程，但在實際的臨床實務中，往往比十二週來得長。雖然有許多不同種類的手冊，但是學習思考錯誤（Thinking Errors）的過程，收錄於所有手冊中。

所謂的思考錯誤，指的是認知扭曲所引起的不準確、不合理、負面且不正確的想法。學習思考錯誤這件事，也可以被視為覺察到自動化負面思考的過程。思考錯誤有很多種類，以下來看

看我們常犯的一些思考錯誤的例子。

1. **非黑即白思維（All-Or-Nothing Thinking）**：認為不是成功就是失敗，不是大好就是大壞，沒有中間立場。
   ①明明考試只錯了幾題，便認為沒有全對，考試就搞砸了。
   ②減肥時只不過有一次吃太飽，便認為到目前為止的減肥過程皆前功盡棄。
   ③上臺報告時只要有一點失誤或不夠完美，便認為一切都完蛋了。

2. **過度概括（Overgeneralization）**：認為當某件事發生時，以後就會經常發生。
   ①約會告吹後，便覺得「我不適合約會」。
   ②面試失敗幾次後，便覺得自己絕對找不到工作。
   ③只不過一次沒受邀參加生日派對，便覺得以後別人也絕對不會邀請自己參加。

3. **災難化（Catastrophizing）**：認為預料的結果中，會發生最糟的情況。
   ①面試時無法好好回答問題，便認為自己會立刻被淘汰。
   ②在職場上做錯事，便認為自己會被炒魷魚。
   ③因經商失敗而無法立即還清債務，便認為自己將流落街頭。

4. **個人化（Personalization）**：認為所有狀況都跟自己有關。

①因子女考試成績不理想而自責，認為孩子因為跟自己很像，所以才不會讀書。

②聚會取消時，便認為是因為自己要參加，聚會才會被取消。

③社群媒體上無人按「讚」，便認為是自己惹到別人才會這樣。

5. **讀心術（Mind Reading）**：認為自己知道別人在想什麼。

①別人因為沒看到自己而沒打招呼，便認為對方是討厭自己而不打招呼。

②開會時別人對於自己說的內容沒什麼反應，便認為全是因為其他人覺得「我跟笨蛋一樣」才會如此。

③如果朋友沒有馬上回自己訊息，便認為一定是對方討厭自己才這樣。

在認知行為治療過程中，你會找出對自己的負面想法造成影響的思考錯誤，並加以修正，訓練自己能更加理性地思考。而我們也會出功課，讓你回家能自行練習。各位可以檢查一下，看看自己的想法中是否也有這些錯誤。如此一來，你便會發現自己經常犯下的思考錯誤，進而在這個覺察的過程中開始改變。只要持續練習，你便可將消極思維修正為積極思維。

CORE MIND TRAINING PRACTICE

思考錯誤，是指在解釋並理解特定狀況的過程中，出現的失誤或扭曲的思考模式，這些思考錯誤會徒增焦慮與壓力，並使人過度擔憂，因此對思考錯誤有一定認識的話，將有助於我們掌握並修正這種消極的思考模式，對心靈安定也有所助益，亦能帶來正向改變。

① 這週有發生引起負面情緒的狀況嗎？是什麼事呢？

② 是否有出現自動化負面思考，請寫下來。

③ 請檢視自己是否有過思考錯誤。

④ 有哪些替代想法呢？

被無助感吞噬而一蹶不振

矮牆之所以無法跨越的原因

近來「無助感」一詞成為熱門話題，無論是青少年、青年、中年或老年，許多人都在抱怨自己感到疲憊、毫無幹勁。各位有聽過美國心理學家馬汀．塞利格曼（Martin Seligman）博士針對無助感所進行的動物實驗嗎？這項實驗是將狗分別放進實驗箱後，對其給予輕微電擊，再觀察狗的反應。

無法控制的重複經驗

首先將狗分成三組，再將牠們放進不同的實驗箱中。第一組狗被放置在一個籠子裡，當遭受電擊時，狗只要按下籠子內的按鈕，電擊就會停止。也就是說，當狗為了避免遭受電擊而四處走動時，牠會發現觸碰按鈕後電擊便會停止。

第二組狗被放置在一個籠子裡，就算狗按了按鈕，電擊也不會停止。這組狗無論再怎麼努力，也找不到停止電擊的方法。不過，為了調整電擊程度，當第一組狗按下按鈕時，便會同步停止第二組狗所遭受到的電擊。第三組狗則是對照組，提供的是一個完全沒有任何刺激的舒適環境。

這項實驗結束後，狗被移到新的籠子再次進行測試。新籠子的中間設有一堵矮牆作為分界，一側有電擊，另一側沒有電擊，接著將各組中的一隻狗放進設有電擊的那一側。

此時，各組的狗有什麼舉動呢？第一組和第三組的狗迅速越過矮牆，逃到安全沒有電擊的地方，但令人驚訝的是，第二組的狗竟然靜靜地縮成一團，默默忍受電擊。

為什麼會發生這種事？第一組的狗因為知道有辦法可以避開電擊，因此能找出越牆的新方法。第三組的狗生活在安全的環境中，所以會出自本能地越過矮牆，避開不舒適的環境。

然而，第二組的狗認為無論再怎麼努力都沒辦法避免疼痛，牠們知道自己無法改變外界（如第一組籠子內的按鈕）所掌控的環境，因此有著「無助感」。

塞利格曼博士將此命名為習得性無助（Learned Helplessness）。在負面經驗或創傷持續存在的情況下，如果沒有辦法掌控自己，便會產生習得性無助。雖然第一組和第二組受到的創傷相同（電擊程度），但由於第一組的狗被賦予了控制環境的自主權，因此這一組的狗才沒有感到無助。

在馬戲團或旅遊景點等場所工作的大象，就屬於這種情況。據說，那龐大且力氣強大的動物被綁在一根釘在地上的小木樁上，無法自由自在地行走，因為從牠還是一頭小象時，「被綁在木樁上，無論再怎麼掙扎也掙脫不了」的這件事實，早已深深地烙印在腦海中。受到這種習得性無助的影響，即使小象成年後力氣變大了，牠也不會試圖拔起木樁逃跑。

為了克服習得性無助的小小嘗試

我們身邊也有不少人陷入這種習得性無助之中，他們相信自己什麼事都辦不到。如果各位也有「我什麼事都辦不到」的想法，那就要檢查一下是否是由習得性無助所引起。

「後設認知」（Metacognition）是一種從遠處用更客觀的方式審視、判斷自己想法的能力。解決問題的關鍵是自行審視自己的想法，並明白「我不是什麼事都辦不到」，而是「有些事我也做得到」，你會發現，其實只要越過矮牆就行了。

如同身在濃霧中一樣，如果你因為前途渺茫而無法做任何事，請加把勁，站起來向前走。如果你想要的東西遙不可及，可以試著先從能力所及的小課題開始實踐，例如清洗還沒洗的鍋碗瓢盆、摺被子、散步十分鐘、讀一頁書等，讓自己踏出第一步。如此一來，你就會看到下一個墊腳石，然後再加油一下，又會看到下一個墊腳石。

就算跌倒了，也要告訴自己沒關係，重新爬起來後繼續往前走，擋住前方的迷霧終將會散去。即使你到達的地方跟預期有些出入，但是我相信你會為自己所付出的努力和所取得的成果感到自豪。只要認真充實每一天，一點一滴朝著目標方向前進，你就會在不知不覺中開闢出屬於自己的人生道路。

在納粹集中營中倖存的猶太人精神科醫師維克多．弗蘭克（Viktor Frankl）博士這樣說道：

「一個積極嘗試解決生活問題的人，就跟一個會將日曆一張一張撕下來，並在背面寫下簡短日記的人一樣，往後回顧這段豐富時刻與充實生活的片刻，必將感到自豪與喜悅。」

如果你覺得生活中面臨的問題太棘手，導致你只能畏畏縮縮地停在原地，那麼是時候積極處理它們了，那一堵看似翻越不了的牆，可能比你想像的還要矮。如此一來，總有一天你會為自己在艱困時期仍充實生活，而感到自豪與快樂。

生活好像被必須做的事拖著走

選擇決定人生，而非偶然，I Choose To～

生活中有些事，即使你不想做也必須做，例如工作、讀書、家事、照顧孩子等。當你必須一直「不得已」、「勉強」做某些事時，往往很難感到快樂或滿足，而且如果這些事必須長期持續，不能馬上做完，勢必讓你感到身心俱疲。雖然想就此罷手、直接放棄，但又不能貿然行事，所以今天還是乖乖起床上班、去上學、叫醒孩子餵他吃飯，然後在心中吶喊：「啊，真希望我也有選擇權！」

聽到一位因為跟婆家有隔閡而感到心累的人說「我沒有幸福的選擇權」，令我感到相當心痛。雖然試著努力擺脫那樣的狀況，但當我們無能為力時，不免會感到無助與不幸。然而，只要稍微改變想法，視角與心態就會變得不一樣。

我們總有選擇權

首先我想說的是，無論我們處在什麼情況，「我們總有選擇權」。維克多・弗蘭克博士曾說：「無論處在什麼情況，要用哪種態度接受一切，選擇權在自己身上。」他表示，即使身在不被給予任何自由且暗藏死亡危機的猶太人集中營裡，他仍然擁有選擇權。

無論何時，我們都有不做某件事的選擇權，不會因為不做那件事就被抓去關，也不會有人拿刀架在我們的脖子上強迫我們去做那件事。各位可以選擇「決定不做」那件事，而不是選擇不得已「決定要做」那件事，而你要自行承擔你的選擇，並為其結果負責。即使你說自己別無選擇而「不得不」做某件事，但是嚴格來說，你是因為不做那件事的後果會更糟或更難以承擔（或是不想承擔），因此你才「選擇要去做」那件事。

讓我們來看看安娜*的案例。她因為撫養孩子的壓力而罹患憂鬱症。原本在公司上班的她，生完孩子後便辭去工作，負責照顧孩子。因為公婆做生意，所以無法幫忙帶小孩，她的爸媽則

* 本書案例中出現的名字皆為化名。

是住得太遠了。然而，僱用保母來照顧孩子又有經濟上的負擔，她的先生則擔心會對工作帶來不利影響，因此無法請育嬰假。

除了自己，沒人可以照顧孩子，安娜不得已只好成為全職家庭主婦。可是照顧孩子遠比想像來得辛苦，再加上身為「我」的存在感愈來愈模糊，讓她覺得獨自承擔每件事實在太委屈了。

在此，我想跟大家一起思考一件事。安娜真的別無選擇嗎？並非如此。如果將事業放在優先順位，即使經濟壓力大，她也可以勒緊褲頭，僱用保母（選項1）來帶孩子。或者，雖然可能有點早，但是她可以將孩子送去幼兒園（選項2）。儘管必須承擔各種損失，但先生還是可以請育嬰假（選項3）。此外，如果真的有需要，她也可以跟娘家父母同住，請他們一起幫忙帶小孩（選項4）。

雖然看似別無選擇，但實際上仍然有許多選項，不過那些都是不容易的決定，而且是她判斷自己帶小孩反而更好，才如此「選擇」的，即便那可能不是安娜所期望的選項（如果可以繼續上班，讓其他人照顧孩子會更理想）。然而不變的是，這項選擇涉及了安娜的判斷與決定。

「I Choose To ～」，我自己才是選擇的主體

如果你認為目前為難你的那件事不是勉強去做的，而是你自己所選擇的，心態就會不一樣。即使是同一件事，「因為必須做而去做的事」跟「我選擇要做而去做的事」，兩者所感受到的痛苦，以及承受它的力量大小是不同的。從那件事中獲得成就時的快樂與滿足感，肯定也不一樣。人類會更積極面對自己主動決定要去做的事，也會對那件事發揮更大的耐心，並且感受到更大的價值。

因照顧孩子而感到疲憊的情況下，像安娜一樣認為「我別無選擇」，會讓自己感到更沮喪。這時必須謹記的是，「我」才是選擇的主體。雖然不願意，但你不是不得已才照顧孩子的，而是因為評估諸多選擇後，覺得自己照顧孩子是最理想的選擇，所以決定要全心全意帶小孩的。如此一來，即使處在相同情況下，你面對事情的心態也會隨之改變。

對人生感到茫然時，請試著回想「我握有選擇權」，這句話意指「即使很辛苦，這條路也是根據我的判斷，才決定要走下去的」，所以後果也要由我自己來承擔。只要抱持「I Choose To ～」（我選擇要……），而不是「I Have To ～」（我必須要

……）的心態，你就能掌控人生的方向，並且積極主動地生活。

選擇會讓你感到自豪的生活

當我們在選擇某件事時，通常會認為我們必須選擇兩者中的其中一個，不是「A」就是「B」，不然就是認為我們必須做出重大抉擇——該不該離婚、該辭職還是繼續上班、該不該侍奉公婆……可是，如果我們這樣想，往往得不到理想的答案。

跟你分享我第一次生病時的故事。由於不希望久病纏身、活得很痛苦，因此我非常努力治病。換言之，我想選擇的是讓「病情好轉」（I Choose To Get Better）。然而，儘管我付出很大的努力，幾個月過後，仍然不見明顯改善。無論我如何選擇，還是必須面對慢性疾病難以痊癒的殘酷事實。

如果是這樣，難道當時的我就沒有任何選擇嗎？不。我率先接受了「病情難以治療」的事實，而且從那時起，我開始尋找自己可以做的事，就算是小事也可以——當時我能做的事情，就是短暫看一會兒的書。光是久坐就會讓我感到嚴重暈眩、噁心及頭痛，於是在我仔細上網搜尋後，找到一個可供躺著使用筆電的支架，我第一本著作《順從自己的心》（마음이 흐르는

대로，暫譯）的初稿，就是躺在病榻上時抽空寫出來的。

克萊兒・溫蘭德（Claire Wineland）是美國知名 YouTuber，一出生就患有囊狀纖維化症的遺傳疾病，終其一生不斷住院與出院，並在與病魔抗爭後，二十一歲時撒手人寰。看到她的人生，有的人或許會認為，沒有出生說不定會更好，但是她如此說道：「生命的意義不僅僅在於活得快樂或健康，而在於你活出讓自己感到自豪的生活。」

她的離世，喚醒了許多人對自身生命的自豪感受。對於曾因為不治之症而陷入絕望的我來說，她的榜樣與啟示也帶給了我極大的力量，同時更提醒了我一件事：無論處在什麼樣的情況下，只要我所做的「選擇」能讓自己感到自豪，那就代表著，我有好好地在過生活。

生活中，你有時會覺得自己好像被困在看不到盡頭的隧道裡。面對殘酷的現實，你的自尊心跌到谷底，陷入無助與悲觀的思緒中。雖然想盡辦法要逃脫，卻什麼都沒有改變。世界上有許多單靠努力也解決不了的問題，就像我的病一樣。這種時候執著於無法解決的事情上，既浪費時間也把自己搞得精疲力盡，是沒有幫助的。相較之下，先接受現況並抱持積極心態，而非負面消極的心態，這樣會更好。

這裡說的積極心態，不是指「我會變得更好」的想法，承認我所處的實際情況「就是這樣」，接著再去思考當下「我該做些什麼，才會讓我感到自豪？」，即使是再小的事情，也可以嘗試看看。你可以冥想五分鐘，也可以整理書桌、搜尋並觀看有用的 YouTube 頻道，或是寫一篇簡短的日記。就算面臨困境，也要為自己加油，並稱讚搞定那件事的自己：「你做得很好！」當你感到身心俱疲時，連要活動一根手指頭都不容易，因此再小的事都值得讚許。

對各位來說，你現在並不是完全沒有選擇，即使是小事，只要選擇去做就好了。如果可以像這樣改變想法，在所處的實際情況中找到讓自己感到自豪的事，然後一件一件去做的話，你看待自己與世界的視角將會逐漸變得更加正向。如果你秉持這樣的態度生活，就能看見嶄新的機會；當機會來臨時，你也會更容易抓住它。

身為精神科醫師兼教授的我突然成為慢性不治之症的病人時，我感到十分沮喪，但事後來看，我因此走上作家之路，同時也建立了 YouTube 頻道「與池醫師一起」。

許多人認為，唯有終結當下的困境才能活出更美好的人生，因此痴痴等待那一天的到來。然而，與其一直等待它的到來，不如專注在當下，無論身處哪種情況，只要做出會讓自己感到自豪的選擇，這樣就好了。如此一來，我相信當下的你將會活得更有意義，也會獲得繼續前進的力量。

做出明智選擇的蘇格拉底式提問法

有時，我們不確定哪個選擇更適合自己，在這種情況下，需要與自己進行真誠的對話。這時可使用「蘇格拉底式提問法」（Socratic Questioning），這是古希臘哲學家蘇格拉底教導學生或與人辯論時所用的方法。

蘇格拉底式提問法透過問題引導出內在想法，評估其是否合理，並引導人進行邏輯思考。近年來，它也廣泛用於認知行為治療、諮商或輔導等方面。例如，可藉此詢問自己想法的意義或重要性。當生活中須做出重大決定或選擇時，透過與自己對話，就能更清楚地明白自己真正想要什麼。

舉例來說，假設你對目前的工作感到非常不滿，身心俱疲卻又不得不繼續做下去，這時，不妨試著問自己以下這些問題，並坦誠地回答：

Q：為什麼要繼續做這份你不喜歡的工作？

A：如果沒有工作就賺不到錢，為了生存，我需要錢吃飯。

Q：沒有錢的話會怎麼樣？為什麼那對你來說很重要？

A：沒有錢幾乎什麼事都做不了，沒辦法買衣服，也不能享受美食。

Q：沒辦法買衣服、吃美食，又會怎麼樣？這為什麼很重要？

A：會被人瞧不起、被人鄙視吧？太丟臉了，怎麼活下去？

Q：對你而言，「被人鄙視」意味著什麼？這為何如此重要？

A：我不想被人看輕，我渴望過著被他人肯定的生活。

Q：如果得不到肯定，會怎麼樣？那對你又意味著什麼？

A：那表示大家不喜歡我，意味著……我不值得被愛。

像這樣，透過不斷追問自己：「然後呢？那會怎麼樣？」、「為什麼這件事這麼重要？」、「這對我來說代表了什麼？」、「如果不這樣做，又會如何？」，持續地深入探究下去，內心深處真正的感受與想法便會逐漸浮現，最終往往能觸及我們的核心信念。

令人遺憾的是，許多前來尋求精神科協助的人，內心深處常抱持著諸如「我是不值得被愛的」、「我是有缺陷的」這類負面核心信念。在這些信念的驅使下，他們對於「成為重要人物、獲得肯定、得到關愛」的渴望會變得異常強烈，而這些未被察覺的核心信念，往往在暗中對他們的人生選擇產生負面影響。相對地，那些無論在何種境遇下，都能堅信「我的存在本身就有價值」的人，比較不容易受到他人眼光或世俗標準的左右，因而能更具自信地選擇並走出屬於自己的道路。

未來，當你站在人生的重要十字路口，對於該走向何方感到猶豫不決時，我希望你能運用先前介紹的蘇格拉底式提問，與自己展開對話。試著探問：你之所以想做某個選擇，是否潛意識裡認為「我」本身缺乏價值？或者，你是否將個人的價值，等同於你所擁有的事物、所達成的功績？

你做出這個選擇，有多少成分是為了贏得他人讚賞，或渴望獲得別人的肯定與關愛呢？試著想像：如果你全然相信自己的存在本身就具有價值、自己值得被愛，那麼，你是否依然會做出同樣的決定？我衷心期盼，透過這樣一番自我問答與釐清，你能最終選擇那條自己真正渴望的道路。如此走下去，當你回首時，將能為自己所做的選擇感到自豪，了無遺憾。

CORE MIND TRAINING PRACTICE

當你必須在生活中做出重要決定或選擇時，或是當你想知道自己當前遇到的最大煩惱時，請試著透過「蘇格拉底式提問法」尋找答案。藉由環環相扣的問題，你將會發現自己真心渴望的是什麼。這是透過回答問題，然後再次提問，並評估該答案的想法是否合理，進而引導我們進行邏輯性思考的方法。請試著對自己發問：「那有何意義？」、「為什麼那很重要？」、「不這麼做的話會怎麼樣？」

Q:

A:

Q:

A:

Q:

A:

為了每天早上不想上班的你

讓事情變有趣的魔法咒語，I Get To～

你是否也討厭每天早上掙扎起床、準備去上班的那一刻？如果你是位母親，或許也曾閃過這樣的念頭：「一天到晚都在煮飯，真希望能有不用煮的一天！」學生們則可能天天都抗拒著去學校。然而，即使心中百般不願，各位今天仍然「選擇」了去上班、準備三餐、踏進校門。我們生命中的許多事，像是讀書、準備考試、運動、減重、做家事、照顧孩子等等，其實都是我們主動「選擇」（Choose To）去做的，而非被迫「必須」（Have To）去承擔。那麼，既然你已經決定要做某件事了，接下來，就讓我與你分享一個能讓過程更為愉快的訣竅——那是一個比單純「選擇」更高層次的祕訣。

我必須做 vs. 我可以做

我家隔壁的阿姨體重過重，健康狀態也不好，醫生建議她一定要運動，所以她每天都會在社區走路。有一天，她碰到其他鄰居跟她打招呼：「你又來走路了。」阿姨便用低沉的聲音說：「是我的醫生要我走路的，我必須走路。」（I have to walk.）

這時那位鄰居這麼說：「不，阿姨，不是你必須走路，而是你要慶幸你可以走路。」（No, Ma'am. You don't HAVE to walk. You GET to walk.）

她說，聽到那句話，她頓時恍然大悟。如果阿姨的健康每況愈下，關節又因為體重過重而嚴重受損的話，她還能每天走路嗎？她要感到慶幸的是，身體狀態沒有很差，所以還能走路。

英文用法「Get To」表示「有機會可以做某件事」。當孩子聽到可以去迪士尼樂園時，有哪個孩子會說「我必須去迪士尼樂園」（I have to go to Disneyland）？大多數的人可能會大聲歡呼，並說「哇，我可以去迪士尼樂園了！」（I get to go to Disneyland）這種興奮的表現用法就是「I Get To ～」，意思是你很幸運，有機會可以做那件事。

我終於可以去上班了！

回想起來，我也曾有過這種經驗。身為兒童精神科醫師兼教授，我可以很自豪地說我喜歡自己的工作，這份工作讓我覺得有價值——但並不是每天都令人感到快樂。我的病人中，有不少人病情嚴重，導致治療成效不佳，所以我常常覺得力不從心。再加上，我們搬到了一個離我和丈夫工作地點都差不多遠的地方，光是開車上下班就需要一個多小時，下班回到家後，精疲力盡的我只想一直躺著休息。早上起床後我經常感到疲憊，必須拖著沉重的身體出門，這不禁讓我感到懊惱，「我該辭掉這裡的工作，改去更近的地方上班嗎？」

後來我突然開始感到身體不適，許多症狀像龍捲風般襲來，短短兩、三個月內，我不但難以久坐，甚至連自己吃飯都有困難，最後我不得不請長假，回到韓國讓媽媽照顧我。媽媽會為我煮好飯菜，我勉強起身吃飯，明明只是短暫坐起來吃飯而已，卻覺得頭暈目眩，必須馬上躺回去。媽媽也必須幫我洗澡，為我準備內衣和襪子。我的人生突然烏雲罩頂，連能否好好正常生活都令我感到擔心，更別說要好好當一名醫生了。

在精神科，醫病關係通常比其他科別來得更緊密，因為病人表露出別人看不到的內心世界，其對象正是精神科醫生。當我突然請長假離開時，眼前浮現了為此感到不知所措的病人們的臉孔，而我就像是將孩子留在岸邊的媽媽，內心感到愧疚且充滿罪惡感。因此，儘管生病，我依然專心努力讓身體復元，想盡快回到美國，再次替病人看診；即使當時正值嚴冬，我還是每天早上套上好幾件衣服，咬緊牙關出門運動。休息將近一年的時間，我受到媽媽無微不至的照顧，也在醫院接受重症治療。雖然痊癒並不容易，但是症狀總算一點一滴好轉了。

當我感覺身體稍微好一點後，我馬上決定要回去工作。雖然我的主治醫生認為當時還太勉強，但我再也無法無視我對病人與同事的責任感，甚至覺得如果沒辦法工作，「我」存在的意義似乎就蕩然無存了；後來，我決定一星期先工作三天就好，就這樣回到美國了。

重回職場的第一天，我沒有力氣開車，是由先生載我一程。進入市中心後，車子一開上高架道路，巴爾的摩（Baltimore）的城市全景開始映入眼簾，以前明明看起來不怎麼樣的景色，那天卻讓我的眼淚奪眶而出。

「我終於可以去上班了！」（Finally, I get to go to work!）

這是我第一次在上班途中如此感動，以前經常想著「唉，今天又要去上班了喔？真希望今天可以休息一天……」，當我將「I Have To」轉換成「I Get To」後，走在同一條路上的我，心境也有了一百八十度的轉變，從想要逃避的心態，轉變為感激的心態。即便是現在，當我回想起那一刻，仍然會感到一陣鼻酸。

魔法咒語，讓不想做的事情變有趣！

後來，我因為健康因素，不得不徹底放棄甘迺迪克里格研究所（Kennedy Krieger Institute）的診療工作，目前擔任約翰霍普金斯大學醫學院的教授，負責授課與教導學生的職責。

由於多了更多時間可以投資自己，於是我開始上私人教練體能訓練。每當我快喘不過氣來時，教練總是會叫我「再做一下」。爬樓梯明明已經累得再也爬不了，但教練偏偏在那一刻叫我再爬一次，那時我便唸了從鄰居身上學到的魔法咒語，不說「我必須再做一次」（I have to do one more time.），而是說「我可以再做一次！」（I get to do one more time.）

對我來說，曾有一段時間連站立、走路都困難不已，更別說爬樓梯了，但現在爬樓梯竟「能再爬一次」，多麼激勵人心啊！

我揚起嘴角，露出一抹微笑，一邊喊著「I get to do one more time！」一邊跑上樓梯。魔法真的顯現了，最後一次爬樓梯不再像以前那樣累人，而且我爬得更快樂，原本勉強擠出的微笑，變成了來自欣慰與感激的真誠微笑。

如果你現在正面臨必須做但不想做的事，請一定要試試看這個魔法咒語。一旦你下定決心要這麼做，千萬別說「I have to do it.」，勉強自己去做，而是要唸出咒語：「I get to do it！」別忘了，要稍微揚起嘴角，露出你的微笑，就像有魔法一樣，試著感受一下心情好轉的感覺。

一定會有人說：「騙人，什麼魔法嘛……這樣做哪有什麼不同！」還記得前面學到的精神科醫師們的商業機密嗎？那時提到，情緒和行為會根據你的想法而改變，而認知行為治療的效果早已透過諸多研究與實驗得到證實，因此請帶著微笑唸出魔法咒語「I get to do it」。「我可以去上班呢！」、「我可以照顧孩子呢！」、「我可以去上學呢！」同時觀察自己的情緒是如何改變的，你將會親身體驗到憤怒、壓抑的情緒平靜下來，並產生感恩的心的神奇魔力。

為什麼連做個小決定也如此困難？

你無法下決定的兩個決定性原因

不久前，我發現人們經常使用「選擇障礙」這個詞。事實上，精神科並沒有名為選擇障礙的診斷名稱，這可能是一種表現手法，意指日常生活中很難做出某個決定，而且其難度已達到足以稱為「障礙」的程度。

說我們的日常生活，是由一連串的選擇與決定所構成，真的一點也不誇張。小自極其日常的瑣碎抉擇，例如：上班搭地鐵或計程車？午餐吃義大利麵或部隊鍋？下班後是跟朋友聚會，還是去運動？大到足以左右學業或職涯成敗的重大決定，像是：決定結婚對象、選擇任職公司或是申請就讀的學校……等。有時候，我甚至會忍不住想：如果能有個人代替我做出這些選擇和決定，直接告訴我「這樣做比較好」，那該有多輕鬆、多好啊？

無法擺脫選擇障礙枷鎖的原因

不久前，我居住的地方降下了一場大雪。由於地處市郊的鄉村地帶，附近只有零零星星幾戶人家，後院時常可見到鹿與兔子自在奔跑；從屋內向外望去，庭院對面即是開闊的田野和蒼翠的森林。遙望著這片景致，我的內心總能感到一股寧靜。若是再飄起靄靄白雪，那畫面更是壯麗動人。

然而，如此美麗的家園，卻沒有接入自來水管線與公共汙水下水道系統。究其原因，主要是替廣闊土地上僅僅一戶人家牽引這些公共管線，所需費用極其高昂；因此，這裡的屋主通常必須自行設置供水與汙水處理設施。

我們社區的化糞池是共同設置的，提供給全部二十四戶人家使用；水的部分，則是各家從自己的土地抽取井水來用。是不是有點難以想像？雖然不是得從水井裡實際打水，只要打開水龍頭，從水井抽上來的水便會流出。然而，問題點在於，這些私人的自來水抽取設施和共用的汙水處理系統，其運作全都仰賴電力。因此，一旦停了電，自來水就出不來，馬桶的水也無法沖掉。此外，因為電子點火裝置點不著火，所以爐具也沒辦法使用。

現代都市已進行了大量的電纜地下化工程，因此電線杆正在逐漸消失中，但像我家社區這樣的美國鄉村仍然有許多電線杆，這裡經常發生大雪或暴風雨造成電線杆損壞或樹木傾倒，進而導致電線斷掉的事，所以常常停電。

去年冬天，由於暴風雪導致停電，供水和排汙設施無法使用，我們只能靠著吃麵包和餅乾度日。沒有暖氣的家裡，簡直就跟聖母峰基地營別無兩樣，我就這樣過了幾天像史前人類的生活。

雖然這是一個可以享受後院外壯麗景色的美麗家園，但同時也是一棟會發生停水、停電等麻煩狀況的房子。因此，我正在思考是否需要安裝緊急發電機，但聽說安裝費用高達幾千萬韓元，而且停電通常需要半天左右才會復電……這幾個月來我一直在苦惱，到底該忍住別管它？還是安裝發電機比較好？到目前為止我仍然找不到答案。

為什麼我們這麼難以做出抉擇呢？出現選擇障礙的原因，大致可分為兩種。

第一是不夠信賴自己，對於自己的選擇沒有信心，對自己能完成某件事的自我效能感（Self-Efficacy）低落。「這樣做好像也不會成功，那樣做似乎也不會成功。」、「上次選擇 A 做法，可是沒有好結果，萬一這次又不好的話，該怎麼辦？」這樣的焦慮占據了內心，從小到大，我們很有可能鮮少對自己的決定或選擇感到滿意過。

第二是「貪心」。兩者擇一最終意味的是要放棄另一個，如果兩者都放不下，就無法做決定。有完美主義傾向的人因為難以放棄某樣東西，因此會表現出這種狀態。

舉例來說，炸醬麵 vs. 炒碼麵，假設你必須在兩者中選出比較想吃的那一項，這時若是選擇炸醬麵，就意味著你要放棄炒碼麵。換句話說，「決定」雖然意味著選擇你所喜歡的東西，但換個角度想，它也意味著放棄其他東西。唯有懂得放棄，才能做出選擇，在經濟學中，當你要做出某個選擇時，你必須放棄的東西其價值稱為「機會成本」。如果你只需要選擇你所喜歡的東西，那麼做決定就不會這麼困難。但在這種情況下，當你必須放棄其他東西時，做決定就變成一件難事了。

對我來說，雖然不喜歡停電時諸事不便，活得像原始人一樣，但支付高達數千萬韓元的費用卻令人感到負擔。換句話說，我想安裝一臺發電機以便停電時使用，但與此同時我又想省錢，不想花大錢。

無論是哪種選擇，沒有一項選擇是徹底錯誤的

對那些因為沒有信心做出理想選擇而無法下決定的人來說，只要稍微改變想法，就能擺脫選擇障礙。我們在成長過程中學到的是「每個問題都有正確答案」，像五選一的題目為例，錯的選項就占了四個，所以我們有八成的機率會選錯——因此，我們會感到相當焦慮：「要好好選出正確答案……不可以答錯啊……」

然而，人生不是學力測驗，各位的人生更不是只有一個正確答案。無論你做出什麼選擇，沒有一項選擇是徹底錯誤的，每個選擇都有優缺點。選擇鄉下的房子，優點是可以看到美麗的大自然，也可以呼吸新鮮空氣，缺點則是停電時必須像原始人一樣生活；如果決定要安裝發電機，優點是生活會很方便，但缺點是必須支付數千萬韓元的開銷。沒有一項選擇是單單只有優點，或單單只有缺點的。

無論是心理學還是教育學，普遍都強調一個父母必須教導給子女的心態，那就是「正向心態」。

「我做的每件事一定會有好結果」、「只會有美好的事發生

在我身上」、「我會一直很幸福」——以上都不是正向心態。所謂的正向心態，是指明白每種狀況都有好的一面和壞的一面，既能欣然接受任何一種狀況，也能看見其中積極正向的那一面。東方的聖人稱之為「塞翁之馬」，西方則用「凡事一體兩面」（Two Sides Of The Same Coin）來表示。即使遇到苦差事，能明白並發現其中美好事物的人，就是積極正向的人。

有句話說：「黑暗中總有一線光明。」（Every clouds has a silver lining.）如同烏雲背後總有一線光芒一樣，代表無論情況再怎麼糟糕，勢必也會隱藏著美好的一面。一個相信困難中必有光明的人，跟一個只看見困境並說著「為什麼這片烏雲籠罩著我」的人，兩人必定有不同的決策能力。

一個人若是知道任何情況都是一體兩面、積極面和消極面共存，他也會知道有些決定是對的，有些決定也沒有錯，因此會有自信地做決定，不會擔心做出錯誤的抉擇。

二十幾歲時，我在韓國精神科住院醫師考試落榜時傷心地哭了，但也因為如此，我來到了美國，活在一個完全不一樣的世界；四十幾歲時，我生了一場重病，因為無法起身，我幾乎整整躺了一整年。你可能會問，那種情況會有積極正向的一面嗎？但我經歷了這些困難與痛苦，看待人生與世界的視野也因此開闊了起來，那件事成為了寶貴的經驗，讓我再也不想回到以前的「我」。

現在在各位面前的諸多選項中，沒有正確答案或錯誤答案，每個選項都有各自不同的優缺點，因此你只要根據自己認為重要的標準與先後順序，判斷每個選項所具備的優缺點即可。你更喜歡什麼、你被什麼吸引、你想要什麼，以及做什麼事情時你感到更快樂且有價值。

我們經常犯下的錯誤，就是用別人的標準來判斷選項，而不是用自己的標準。在做決定的那一刻，許多人會先想到「如果我這麼做，不知道別人會怎麼看我」、「這麼做的話，爸媽應該會很失望」，可是，這樣做出的決定真的是你自己的決定嗎？如果你的生活是由那些決定所組成的，你將來會為自己感到驕傲嗎？

沒有人可以預見未來，知道哪一個才是更理想的選擇，但無論如何，人生沒有錯誤的答案，只要朝著自己想要的方向生活，那就是「我的正確答案」。因此，請靜靜地聆聽自己內在發出的聲音。在不對他人造成傷害的前提下，只要朝著自己內心所嚮往的方向來做決定，那就是理想的選擇。

「好」的敵人是「更好」

如果你因為貪心而猶豫不決，無法放棄任何事物的話，請對自己說：「你現在太貪心了，懂得放棄也是一種能力，而且更有智慧。」事實上，在炸醬麵跟炒碼麵中，還有炸醬麵跟炒碼麵雙拼的組合，但一般來說，當你因為貪心而想同時兼顧兩件事時，最後往往任何一件事都做不好。

在這個世界上，魚與熊掌不可兼得。此外，有些人因為完美主義而難以做出某個決定，我想告訴他們這句話：「好的敵人是更好。」（The enemy of good is better.）有些人明明已經擁有許多好東西，但是他們並不滿足，甚至覺得其他東西看起來更好。如果再去追求更好的東西，目前在我面前的選項看起來就會沒那麼好，這時就很有可能失去目前所擁有的好東西，所以我們才會說「好的敵人是更好」。

這裡再補充一下，我想告訴那些為了追求完美而無法完成工作的人：「完成一件事，比期望完美還要好。」當我還在就讀醫學院時，曾選修美術課作為通識課程，當時教授說我畫得非常好，可是每當作品快要完成時，我總會看到不夠好的部分。而當我不斷修改那些部分時，原本畫得樂在其中的畫作，最後竟然變成永遠不會結束的痛苦工作。

我學到一件事，畫作不會因為我塗塗改改而變得更好看，比起一味追求完美，我們更必須知道該在哪個時間點放下畫筆，然後告訴自己：「好了，這樣就夠了。」將畫作完成。

每個重要且艱難的決定中，既有事情順利進行的可能性，也有出包的風險，而且無法判斷其中有百分之幾的可能性及百分之幾的風險。因此，請別浪費太多精力和時間在權衡利弊上，如果你有感興趣的事，那就去嘗試看看！

如果你已選了自己喜歡的東西，請勇於放棄其他的東西。每個決定都有優缺點，所以當你決定完一件事後，就算有烏雲籠罩，也要懂得找尋光明的一面，保持積極正向的心態相當重要。

與其抱怨「搞什麼啊，都什麼年代了，居然還會斷水斷電，這像話嗎」，不如想「我家後院的景色非常美麗，我真的好喜歡」。其實無論做出什麼決定，只要決定後關注優點，那就是理想的決定；如果你只在意缺點，那就是糟糕的決定。只要這麼想，你就會多一些勇氣，優柔寡斷及猶豫不決的時間也會跟著變少。當你做出選擇後，請尋找光明的一面，並將焦點放在優點上，對自己的決定感到滿意，這樣就行了。

從「對錯過感到害怕」到「對錯過感到愉快」

人生的本質主義與 JOMO

各位當中，有多少人認為「我過著非常悠閒且平靜的生活」？相較於過去，現代社會中有許多困難且耗時的工作是由機器代為處理，但為什麼我們的生活卻沒有過得更輕鬆自在呢？甚至內心似乎變得愈來愈急躁與冷漠？

對錯過感到害怕，FOMO

大家有聽過 FOMO（錯失恐懼症）嗎？它是「Fear Of Missing Out」的縮寫，即為「對錯過感到害怕」，指的是一個人錯過了消息，或是被排除在經驗或機會之外，進而感到焦慮，擔心自己落後他人的意思。無論是工作還是休閒娛樂，患有 FOMO 的人會盡力去做別人所做的每件事。在完成一件事之前，他會覺得自己還必須去做其他事，在他要去做那件事的那一瞬間，他又覺得自己也必須參加其他活動，因此忙得不可開交，就像倉鼠跑滾輪一樣，當然會覺得壓力很大。

即使未患有 FOMO，排除七到八小時的睡眠時間，大多數的人在剩餘的十六小時仍然馬不停蹄地工作、衝刺，就算有分身也不夠用。我也曾過著那樣的生活，認真讀書後進入醫學院就讀，在大學期間，比當初準備入學考試時還要認真讀書；醫學院畢業後，我開始進修實習，根本無法好好睡覺，就這樣當上了教授。即便如此，我仍然過著升遷、教課、研究、治療病患的忙碌生活，甚至無法好好談一場戀愛，直到年滿四十歲才步入婚姻。

正當我剛適應新婚生活時，滿四十一歲生日前一天發生了一件事，讓我的人生有了意想不到的轉變。我突然覺得肌肉劇烈疼痛，而且全身發冷，當時我心想「難道是因為我昨天拳擊課運動過度，才導致全身痠痛嗎？」然而，疼痛感跟發冷的問題並沒有隨著時間流逝而消失，甚至還多了頭暈、頭痛、腹痛、心跳加速等各種原因不明的症狀。

症狀開始後不到幾個月，我連坐起來都有困難，歷經幾番波折，六個月後我被診斷為自律神經系統失調與慢性疲勞症候群。由於現代醫學尚無有效的治療方式，因此儘管我已經盡力了，病情依然難以改善，最後我不得不徹底卸下為期將近一年的教授、醫師的工作。受到病理性疲勞所苦，我必須適應彷彿電池電力若有若無的生活。

「就算在擁有百分之百能量的時候，事情也已多到勉強應付，現在該怎麼活下去呢？」我內心感到絕望，後來我偶然接觸到葛瑞格．麥基昂（Greg Mckeown）的《少，但是更好》（*Essentialism*）。這本書在我僅存百分之十能量的情況下，對於「該將精力投注於何處」這個既困難又重要的抉擇，給予了我極大的幫助。

少，但是更好

《少，但是更好》一書中強調的是「事情做得很少，但是做得更好」。原書名「Essentialism」是指「專準主義」，意為挑選出重要事物，並將精力集中在那些事物上的生活方式。

「專準主義者是按照自己的設計來生活，而不是按照別人的決定來生活。」對當時的我來說，這句話讓我大開眼界，它讓我反思，迄今為止我所做的一切是否被設定為「預設」（Default）值，致使我理所當然地去做哪些事，而哪些事是我真的想做而選擇去做的。

我們總是說：「別人也都是這樣討生活，所以我們也必須這樣或那樣生活。」我們習慣遵循既定的道路，過著「預設」好的生活。想隨心所欲、按照自己的「設計」來生活，不是一件容易的事。然而，正如麥基昂所說，如果你不替你的生活安排先後順序，別人就會代替你這麼做。

請試著回想你正在做的許多事，也許每件事看起來都很重要，但當你仔細衡量它們在生活中的分量，你會發現實際上真正重要的沒幾件事。

勇敢放棄你覺得不重要的事

從某個角度來看，「專準主義」可以說是「生活中的極簡主義」，區分、選出自己生活中最有價值且重要的事物，然後放棄其他事物。放棄需要勇氣，跟以往不同的是，採取新的模式需要強大的決斷力。

「決斷」是「決心的決」跟「切斷的斷」組合而成的詞，而且意指「決定」的英文單字「Decide」含有「切除、切掉」的意思。Decide 一詞源自拉丁語的「Decaedere」，是由意思為「Off」的 De 和意思為「Cut」的 Caedere 所組成的。換句話說，它意指切斷（Cut Off）不做的事。做決定時，決定「要做什麼事」固然重要，但是說出「不做什麼事」來表達「切掉」之意，或許才是更重要的一件事。

麥基昂也強調，我們必須學習如何自然地說「No」，而且不要感到為難。我們要時時刻刻抛出「此時此刻對我來說最重要的是什麼事」的問題，除了我們認為最重要的事、我們所關注的事之外，我們必須練習對其他事說「No」。

在我因為病情而精力有限的情況下，不得不放棄許多事，而我能領悟到這一點，是多麼慶幸的一件事。相較於一心想著「我想做，但是做不到」，自己主動決定「不做某件事」，反而會覺得沒那麼委屈了，這麼做甚至會讓我感到驕傲，因為是由我自己來決定生活的先後順序，而不是其他人。

希望你可以自我檢視一下，是否也被外在壓力或是既有的預設值牽著走，如此一來，你將能自行決定什麼事對自己來說最重要，並且將你的努力與時間集中在那些關鍵性的事情上。

對錯過感到喜悅，JOMO

假如我們專注在本質上，放下其他的事物，我們的生活不僅會更具生產力，也會變得從容且安定。比起持續增加各種待辦事項或財產，要不要練習捨棄和清空那些不必要的東西呢？

就算電腦再高階，當內部大量儲存了雜亂無章的資訊，而且同時執行數個程式時，運行速度就會變慢，甚至頻頻出現錯誤。我們的思想也是如此，當大腦充斥著沒用的想法時，我們便難以思考重要的事情。過濾負面想法，才是方便我們思考的捷徑，因此，我希望你能從 FOMO 改變為 JOMO（Joy Of Missing Out），從「對錯過感到害怕」改變為「對錯過感到喜悅」，就此改變人生的方向。

曾經有人問我：「如果可以將時間回溯到生病之前，你願意回去嗎？」我的答案是「No」。當該影片一發布到 YouTube 上，就有人留言回覆：「聽你在胡扯。」但那並不是胡說八道。

當然，一開始我心中充滿怨懟，因為生病彷彿奪走了我整個人生，令我感到非常委屈。然而，如今的我，反而相當喜歡現在的狀態。多虧了因病請假，我得以回顧過去那段宛如倉鼠在滾輪上不停奔跑的忙碌生活，也有機會重新思考：「究竟，什麼才是真正重要的事？」原本，我的生活被那些別人替我安排好的事務，以及我認為自己「必須」完成的責任所掌控；但現在，對於那些不屬於真正重要之事的要求，我已經擁有說「不」的勇氣。

現在，如果朋友邀請我參加聚會，或是其他教授提議一起做研究，只要這些事不包含在我的優先事項之內，我便會直接說「No」，而且不會感到內疚。依照麥基昂所建議的，「No」是我的預設答案，我只對自己真正想做的事說「Yes」，而這就是我目前正在練習的事。

成為自己生活的設計師，這種感覺讓我成就感十足，而且內心更加平靜。我們的精力和時間實在太重要、太珍貴了，因此請不要任由他人來決定我們生活的先後順序。請各位鼓起勇氣，勇敢過著自己精心所設計的人生。在那個過程中，我希望你找到充滿平靜與喜悅的 JOMO，以及從放棄中得到的自由，而不是充滿遺憾與恐懼的 FOMO。

可用一輩子的無敵壓力調適法

海豹特種部隊也在學的強效呼吸法

如果 0 代表沒有任何壓力，10 代表壓力達到頂峰，那各位現在的壓力指數是多少呢？大概沒有人的壓力程度是 0 吧？但有壓力也不見得是件壞事。適當的壓力，有時也會為生活帶來所需的能量。

然而，誠如先前所述，壓力過大或長期承受壓力，會降低我們的生活品質，並對健康造成威脅。因此，我們確實需要掌握適度管理壓力的技巧。在變化快速又複雜的現代社會中，要說一個人能否妥善管理壓力，將會決定他自身能力的發揮程度，這句話一點也不為過。

改變生活品質的壓力調適法

我當年獨自來到美國後，雖然必須面對艱難的醫師資格考試與住院醫師的訓練過程，所幸我原本對壓力的承受度還算不錯。然而，自從罹患自律神經失調後，我對壓力就變得格外敏感。由於自律神經系統正是掌管身體壓力反應的中樞，因此在我身上，壓力愈大，相關症狀就愈是明顯，這也使得我對壓力本身變得特別敏銳。正因如此，為了有效控制那些困擾我的各種症狀，我不得不積極學習該如何降低自身的壓力反應程度。

我所經歷的症狀，通常是由於交感神經無故異常亢奮所引起。每當那種情況發生時，全身便會陷入緊繃狀態，就像身邊突然有顆炸彈爆炸一般——心跳加快、胸口悶痛、腸胃蠕動變慢、警覺性升高、難以入眠。為了緩解這些症狀，我服用了不少能抑制交感神經、增強副交感神經的藥物。服藥期間，我的血壓異常偏低，因此也同時服用可提高血壓的藥物。然而，由於我的自律神經已處於嚴重受損的狀態，即使依賴藥物，症狀依然難以有效控制。

後來，我的主治醫師建議我進行冥想，於是我去拜訪一位教授冥想的心理學博士，並學習呼吸技巧。當身體的緊張感上升時，只要深呼吸，我就會覺得症狀有所改善。

跟藥物相比，冥想的效果更快、更明顯，立刻就有反應，宛如我透過平靜的呼吸，向未能振作的自律神經系統發出「炸彈現在沒有爆炸」的訊號一樣。

接下來，我想跟各位分享我所學到的壓力調適訣竅。

「呼吸」是向心靈和精神發送的最有力訊號

人活著時什麼最重要？答案是心肺功能，只有當你的心臟在跳動，並且有呼吸，你才是活著的。然而，心肺功能中，我們難以任意控制歸屬於「心」的心跳與血壓，卻能控制歸屬於「肺」的呼吸。

從出生時呱呱墜地吐出第一口氣，直到生命終結斷氣的那一刻，只要我們還活著，「呼吸」就伴隨著我們。呼吸如此重要，不僅能維持生命，在壓力調適方面也發揮相當大的作用。「深呼吸」是壓力調適的基礎，因此，許多壓力調適法也可以算是幫助我們調整呼吸的方法。

如果藉由深呼吸來調整呼吸，整個身體會感到放鬆與平靜；接著，意識到放鬆下來的身體，大腦便會覺得「啊，現在狀況好多了」。深呼吸就像是身體在對大腦說：「現在不是緊張、有壓力的時候哦！」透過深呼吸，可以讓受壓力影響而變得亢奮的交感神經平靜下來。

呼吸法有許多種，並非只有一種方法是正確的，這裡要教你初學者也能輕鬆進行的 4-2-4 呼吸法。這個呼吸法相當簡單，小孩子也能跟著做，但是請不要低估它的效果。美國海軍特殊部隊——海豹特種部隊（Navy SEAL）的隊員，也在學習類似的呼吸法。海豹突擊隊（SEAL）這個名字源自海洋、天空、陸地（Sea、Air、Land）三個詞，蘊含著無論在海陸空哪個環境皆能執行作戰任務的十足信心。據說，就算在攸關生死的緊急狀況下，呼吸法也能幫助人們冷靜完成交付的任務。

深呼吸時，我們通常會說要深深地吸氣再吐氣，而同樣重要的一件事，就是慢慢地呼吸。吸氣時，用鼻子吸氣；吐氣時，搭配「呼」聲，用嘴巴吐氣。你可以先從這個動作開始練習。為了讓自己更容易感覺到呼吸的過程，一開始請試著將手放在胸前。呼吸時，挺起胸膛並放鬆肩膀，好像你試圖要讓位於胸腔內的肺擴張到最大一樣。

一、二、三、四，數到四為止都用鼻子吸氣；接著再數到四，換用嘴巴吐氣，記得要緩慢地、深入地進行。如果你已經稍微熟悉這種吸氣、吐氣的動作，現在請在吸氣與吐氣之間停頓兩秒。吸氣四秒鐘，屏住呼吸兩秒鐘，再吐氣四秒鐘，因此稱為 4-2-4 呼吸法。吐氣時，超過四秒也無妨。

是不是有點困難呢？如果很難停頓兩秒鐘，一開始可以先吸氣和吐氣就好，不用停頓。如果平時沒有練習這種呼吸法，你就無法在有壓力的情況下突然練習它。因此，平時就要持續練習呼吸法，讓深呼吸變得很自然，如此一來，實際運用時才會輕鬆一點。

當你熟悉這個呼吸法後，便可以進入下一個階段，將 4-2-4 改為 4-7-8。吸氣四秒鐘，屏住呼吸七秒鐘後，吐氣八秒鐘。吸氣時要盡量大量吸氣，才足以停頓七秒鐘後吐氣。如果繼續練習後面介紹的腹式呼吸法，你的肺活量將明顯增加。

海豹特種部隊的隊員是訓練與此類似的 4-4-4-4（盒式呼吸 Box Breathing）呼吸法，畫四邊形的同時，吸氣四秒鐘，屏住呼吸四秒鐘，吐氣四秒鐘，再屏住呼吸四秒鐘……一直重複這個動作。這樣的話，即使處在槍林彈雨的緊急情況下，也能讓自律神經系統平靜下來，並且降低壓力反應。根據「非危機狀況」的訊號，體內會有更多的血液和氧氣提供給額葉，進而使我們聰明思考，並做出明智的判斷。

你可以在深呼吸前後分別測一次前面提過的壓力指數。如果你平時就有練習這種呼吸法，在有壓力的情況下，只要採用此方法呼吸一到五分鐘，你就會發現數值下降了。

穩定的呼吸，是身體向心靈與精神發出的強大安定訊號。如果各位在重要會議前感到緊張，或是堆積如山的工作導致胸悶，可以嘗試這種呼吸法。以我為例，每當我必須治療病情棘手的病人或遇到難纏的監護人時，我都會做 4-2-4 呼吸法。我覺得，生病期間得到的最大收穫之一，就是學習如何呼吸和冥想。

當你憤怒時，有可能一時之間根本想不起該怎麼用呼吸法來平靜情緒。畢竟，我們不可能一開始就做到百分之百完美，所以別把目標設得太遙不可及。我的心態是：如果原本會生氣十次，那就先讓自己少生一次氣，這樣就是進步。唯有用這樣的方式，才能長久堅持下去，不會中途放棄。

有些人說，每當生氣、有壓力時，自己就會頭痛。在這種情況下，請深深吸一口氣，並想像將吸入的空氣和氧氣，送往頭痛的頭部位置，就會感覺到頭痛舒緩了不少。當你抱著「將氧氣送往疼痛部位」的心態呼吸，往往就會感覺到疼痛減輕了。希望你每天有空時能持續進行，並提醒自己「呼吸就是生存的一種方式」。

吐氣時說肯定的話

除了深呼吸之外，再多做一件事會更好。請閉上眼睛，在完全放鬆的狀態下，一邊吐氣一邊對自己說肯定的話。當你因壓力而感到難受時，「正向思考」會是你擺脫壓力的最終關鍵。當我因為持續與疾病抗爭而看不見未來時，我會一邊吐氣，一邊對自己說「我今天已經盡力了，我做得很好」、「明天會比今天更好」等肯定的話語。想放棄的時候，我就是憑藉這種肯定的心態，度過一天又一天。

突然要對自己說這些話，你是否會因此感到尷尬，不知道要說些什麼呢？別擔心，以下介紹幾種可以對自己說的肯定話語：

- 當你有擔心的事時：「沒關係，我已經做得很好了」、「我有能力應對這一切」、「一切都會沒事的」。
- 在人際關係上遇到困難時：「我是不錯的人」、「我值得被愛」、「我是有價值的人」。

- 當你遇到傷腦筋或棘手的事時：「讓自己回到平靜」、「一切都會過去的」。
- 當你正在挑戰某件事時：「我能勝任」。
- 當身邊似乎只發生壞事時：請嘗試找出其中的好事，並對此表達感謝，像是「我是受到祝福的人」。

請挑選其中一、兩種肯定的語句，在進行 4-2-4 呼吸法的吐氣四秒鐘期間，對自己說。你可以在心裡默唸，倘若獨自一人，也可以直接說出口來。像這樣帶有肯定性質的話語，即稱為「自我肯定」（Self-Affirmation）或「正向肯定」（Positive Affirmation）。

在韓國住院醫師考試落榜後，我第一次來到美國，當時因為英文不好，每天都感覺困難重重。然而，我依然不斷對自己說：「儘管如此，我還是做得很好」、「做到這樣真的很棒了」。生病時我最常說的一句話，是意指「平安」的 Peace，當我因各種症狀而感到痛苦不堪時，我會懷著祈求平安的心，對自己喊話，它帶給我莫大幫助。「我能勝任」（I'm capable）這句話也很好，它跟「我做得到」（I can do it）的表現方式略有不同，後者讓人有一定要努力達成的意味。如同「我辦得到，我能力十足」這句話一樣，它包含了我內在的潛力與對自己的信任。

4-2-4 呼吸法和正向的自我肯定是鍛鍊心靈的第一步，請你一定要不斷練習，讓它成為自己的一部分。遇到困難時，呼吸法將帶給你很大的力量。

充分呼吸，好好活下去

讓身體歸位的腹式呼吸法

近來，愈來愈多人抱怨肩頸等部位出現疼痛與不適。這些部位的肌肉原本是用來支撐我們身體、幫助我們挺直站立的，然而，由於現代人姿勢愈來愈不良，不僅引發肌肉疼痛，甚至可能導致體內器官受到擠壓、萎縮，使得呼吸變得愈來愈困難。我們理應透過吸氣為身體提供充足氧氣，也藉由吐氣順利排出體內的二氧化碳，但如今的我們，卻常常連這最基本的呼吸都做不好。

此外，當我們面臨壓力時，常會不自覺地短暫屏住呼吸，接著又為了釋放壓力，深嘆一口氣。其實，許多人根本不瞭解如何正確呼吸，因此學習「平衡呼吸」的方式，是當代人身心健康不可忽視的一課。

你曾經看過嬰兒、小狗或小貓睡覺的模樣嗎？如果仔細觀察，你會發現他們的腹部在隨著呼吸微微起伏，而不是胸部。動物與人類在出生時，天生就會使用腹式呼吸法，但隨著年齡增長，呼吸方式逐漸轉為以肺部上方為主。從現在開始，我們應該重新學習腹式呼吸。這種呼吸法會啟動一塊又大又有力的肌肉——橫膈膜，幫助我們有效運用肺部下葉，進一步提升肺活量。如果你已經熟悉之前學過的 4-2-4 呼吸法，現在可以更進一步，嘗試挑戰腹式呼吸法。接下來，我將介紹一套由我的朋友、臨床心理學家莎拉·迪姆斯（Sarah Dihmes）博士所教的呼吸與冥想練習。她是生物回饋與壓力疾病領域的專家——不妨跟著她的方式一起試試看吧！

慢慢呼吸，就像在杯子裡一點一點裝滿水一樣

生平第一次進行腹式呼吸時可能會覺得陌生，還有一些不舒服。第一次練習時，請不要判斷自己的呼吸「是好是壞」。試著回想你第一次騎兩輪腳踏車時的情景，雖然一開始騎車會常常跌倒，整個人笨手笨腳的，但只要經常騎，無形中就會愈來愈上手。每個人一開始難免會笨手笨腳的，因此請你對自己稍微寬容些，希望你可以一邊練習，一邊稱讚自己「做到這樣已

經算很好了」。

一開始，細心觀察自己的呼吸非常重要，你必須有意識地察覺自己正在使用哪一種呼吸方式。就像第一次跟某個人碰面時，要慢慢探索、瞭解彼此一樣，一點一滴更加瞭解——你必須跟呼吸建立關係。

還有一件必須注意的事情是，你不必太努力地大口吸氣或吐氣，如果深呼吸時覺得頭昏腦脹或頭暈，請暫時停止深呼吸，恢復正常呼吸十五到二十秒，讓呼吸穩定下來。

請試著想像，用自來水將一個杯子裝滿的畫面。如果一開始水龍頭開得太大，水很快就會滿溢出來，對吧？我們要練習的呼吸，就像是緩緩地打開水龍頭，讓水一點一滴地注入杯中。吸氣時也是如此，要慢慢地吸氣，如同耐心地將杯子裝滿。吐氣時也要一樣從容。請想像你正將杯子裡的水倒出來——不是一股腦地全倒掉，而是緩緩地、穩定地倒出來。

呼吸時，如同空氣讓氣球鼓起來又消下去一樣

現在，讓我們正式來練習腹式呼吸。首先，舒適地坐下來。

將一隻手放在胸口，另一隻手放在腹部，以徹底地感受當下的情緒與呼吸的律動。維持該姿勢，專注在呼吸的律動上，就像波浪來來去去一樣。試著感受一下呼吸經由鼻子進進出出，以及每次呼吸時胸口起伏的狀態。

如果你已經準備好了，請閉上眼睛，想像自己的肚子是一顆氣球，而且氣球裡有光。每當你吸氣時，光芒就會逐漸變大；每當你吐氣時，光芒就會逐漸變小，就像氣球洩氣一樣。透過鼻子緩慢且深深地吸氣，將呼吸送往肺部最底層與腹部，腹部就會逐漸膨脹起來。接著當你透過嘴巴吐氣時，膨脹起來的腹部會慢慢消下去。吸氣的同時，用空氣填滿腹部；吐氣的同時，慢慢向外排出腹部裡的所有空氣。

如果你進行腹式呼吸的動作確實，放在胸口的手幾乎不會移動，只有放在腹部上的手會動。現在，請盡可能大口吸氣，然後暫時屏住呼吸再吐氣。吸氣時想像平靜的畫面，吐氣時放鬆身體，並讓手臂與雙腿自然垂下。請一直重複這個動作。

腦海中思緒萬千也無妨，只要重新專注在呼吸上就好。集中注意力，然後輕輕地將空氣吸入體內，感受涼爽的微風透過鼻子進入體內的感覺，你會感受到氣息經過氣管，送達肺部深處。

請感受肺部被空氣填滿，而且腹部充滿空氣後再慢慢排出去的感覺。

當你稍微習慣之後，請試著輕柔地將呼吸連接起來：吸氣時心中數到四，吐氣時也數到四。讓身體完全放鬆，將注意力專注在呼吸上。吸氣——一、二、三、四，然後暫時屏住呼吸；接著吐氣——一、二、三、四，再暫時屏住呼吸。重複這個呼吸循環十次。接著，輕輕閉上眼睛，慢慢活動你的手指與腳趾。當你覺得準備好了，就睜開眼睛。

呼吸總是自然、無意識地與我們同在。而這種隨時隨地都能進行的腹式呼吸法，能溫柔地放鬆因壓力與緊張而疲憊不堪的身體。當你在忙碌的日常中感到身心俱疲時，透過這樣的呼吸練習，能讓身體重新回到原本的位置與狀態。腹式呼吸就像一種魔法，悄悄地帶來身體與心靈的平靜——而這份力量，始終都是你的一部分。

Part 2

擁抱我與生俱來的價值與美好

我的美好，取決於我的看法

存在於大腦中的有色眼鏡

你聽過神經性厭食症嗎？它通常也被簡稱為「厭食症」，是一種因為過度擔心發胖而過度限制食物攝取、過度運動或使用利尿劑等藥物，進而使體重過輕的疾病。從醫學角度來看，這是一種嚴重的疾病，不僅可能導致體溫過低、血壓低、脫水、停經等問題，甚至會因電解質異常、心電圖異常、器官受損而衍生出危及生命的狀況。

我在北卡羅來納大學醫院（UNC Hospitals）接受精神科培訓，那裡另有一個獨立的飲食失調病房，專門治療這些病人，治療許多需要住院的重症病人，其中大多數為年輕女性或中年女性。患有嚴重飲食失調的病人骨瘦如柴，然而他們都沒有意識到自己體重嚴重不足的事實。

每當我聽到他們說：「我的大腿太粗了，好討厭，如果可以再瘦一點就太好了……」我都會懷疑是自己聽錯了。但是事實上，他們「認為」自己比實際上胖多了，而且那不是他們自己感覺到或想像的，而是在他們眼中自己看起來確實是那樣，所以才深信不疑。

對自己與他人採取的雙重標準

關於神經性厭食症患者如何看待自己的體型，讓我向你介紹一項有趣的實驗吧！這項研究將患有神經性厭食症的病患與一般對照組進行比較，透過合成影像來觀察兩組人在觀看不同照片時的反應差異。實驗中，研究人員將參與者的身體圖像分別與他人的臉部以及他們自己的臉部進行合成，並讓他們觀看這些合成照以及原始的自己身體與臉部照。

參與者須針對兩種情況——「他人臉部配上自己身體」與「自己臉部配上自己身體」——進行體脂肪多寡與魅力程度的評分，以判斷他們在評價自己與他人時是否存在雙重標準（Double Standard）。結果顯示，在病患組中，當身體搭配的是自己的臉時，他們評價自己的體脂肪更多、魅力更低；相比之下，若身體搭配的是他人的臉，這種負面評價會減輕。換句話說，相較於對照組，病患組展現出更明顯的雙重標準*。

對我們來說，意識到某種現象意味著什麼？它意味著大腦解讀了來自視覺、聽覺等感官的訊號，在這個解讀的過程中，來自自身經驗的各種資訊與信念會帶來極大影響，就像戴著有色眼鏡觀看世界一樣。

尤其是解讀自己時，會戴上更深的有色眼鏡，難以用客觀中立的角度來看待自己，這樣很容易理解吧？同樣地，神經性厭食症患者深信「我是贅肉很多又沒魅力的人」，基於這個因素，他們會用扭曲的視角看待自己的模樣。

由於我們的大腦會經歷主觀的解讀過程，因此很難真正看清事物的原貌。正如前面提到的，「絕對的現實」其實並不存在，既然如此，與其戴上一副扭曲現實的有色眼鏡，不如選擇戴上玫瑰色的那一副來看待自己不是更好嗎——那種認為「我是有魅力的、我是值得被愛的、我是很不錯的」的眼鏡。

* Voges, M. M., Giabbiconi, C. M., Schöne, B., Braks, K., Huber, T. J., Waldorf, M., Hartmann, A. S., & Vocks, S. (2018). Double Standards in body evaluation? How identifying with a body stimulus influences ratings in woman with anorexia nervosa and bulimia nervosa. The international journal of eating disorders, 51(11),1223~1232.

然而，現實往往沒那麼簡單，事情總是不如我們所期望地發展——在我們所處的社會中，反而有愈來愈多人深信自己是「沒有出息的人」。在韓國，「外貌至上主義」這個詞被頻繁使用，顯示出這種價值觀的普遍存在。

某次，當 BTS（防彈少年團）的一場表演在韓國電視上播出時，有位高中生對該場演出的評論著實令我大感意外。他說，BTS 在韓國本地的人氣遠不如海外，原因竟是他們「長得不好看」。身為表演者，我原以為首先該被品評的是音樂本身，沒想到 BTS 卻是先因外貌而遭受批評，這點讓當時的我十分訝異。而更讓我感到困惑的是，那位高中生隨後又補了一句，即便是演藝圈裡那些公認外貌出眾的年輕偶像，「其實也沒那麼帥」。我實在難以理解，現今年輕世代對於所謂「帥」與「美」的評判標準，究竟是怎麼一回事。

還有一次，某個 YouTube 節目上一位男性的發言令我瞠目結舌。他脫口說道：「我可以接受愚笨的女人做配偶，但絕不能接受醜陋的女人。」此話一出，我驚訝得幾乎合不攏嘴；而更讓我錯愕的是，影片下方的留言區竟有許多人表示認同。在這樣的氛圍下，肆無忌憚地對他人外貌品頭論足，彷彿已成常態，甚至無須受到任何非議。況且，這裡所謂的外貌標準，不僅指臉蛋是否俊美，更涵蓋了頭小、臉小、四肢修長等整體比例，乃至於醫學上極為嚴苛的體重數字——彷彿體重愈輕，外型才愈好看。我們也常聽到諸如「減肥是最好的整形」、「寧可容忍女人醜，不能容忍女人胖」之類的論調。

在這樣的文化環境裡耳濡目染成長，這些嚴苛的標準很自然地就被我們內化吸收。最終，我們不僅用此標準去衡量他人，更會將同樣的尺規套用在自己身上，進行自我評價與批判。

世界透過我的信念來解讀

在那個深受特定文化薰陶的環境中出生、成長，生活了二十五年後，我才移居美國，那些審美標準似乎已深植我心；加上父親常對我和妹妹說：「你們小時候長得並不漂亮。」因此，我一直以來都認定自己其貌不揚。

三十多歲那段期間，大概是我體重最輕的時候吧——當時連美國最小尺碼的衣服，穿在我身上都還嫌大。然而，以韓國的標準來看，我還是屬於「身材圓潤」的類型，故從未覺得自己稱得上苗條。我不喜歡看到自己粗壯的手臂，所以很少穿無袖上衣。不僅如此，我的大腿結實粗壯，走路時總會彼此摩擦；

每次坐下，肚子更是會擠出明顯的「三層肉」。

某天，我和朋友小酌啤酒，度過了愉快的時光。途中我去了一趟洗手間，迎面看見一位身穿連身裙的纖細女子走來。我心裡正想著：「那女生好瘦、好美啊」，不免升起一絲羨慕之情。然而，待她走近，我定睛一看，赫然發現那個人，竟然就是鏡裡的我自己！我著實嚇了一大跳，沒想到自己竟親身驗證了前述實驗所揭示的現象。

那次經歷之後，我對飲食失調有了更深的認識，也更明白我們看待自己時，往往會戴上多麼厚的「有色眼鏡」。不過，「知道」與「真正相信」似乎是兩回事。即便有了那樣的體驗，我的想法也並未立刻轉變成：「對啊，我其實又瘦又有魅力。」事實上，又過了好些年，我才慢慢開始覺得，自己其實長得還不錯。

某一天，我收到一封電子郵件，標題是「恭喜你，你已登上《巴爾的摩》（*Baltimore*）雜誌『年度頂尖單身人士』（Top Singles）的候選人！」起初我還以為是垃圾郵件，一問之下才知道，原來是朋友在我不知情的狀況下推薦了我，替我回答了些問題、附上幾張照片，而我竟然就這樣入選了當年度的「Top

Singles」！據說報名者多達數百人，最終僅遴選出男女各十位。儘管至今仍覺得有些不可思議，但託此之福，我也經歷了一次個人照片被大幅刊登在雜誌上的特別體驗。

這消息傳到教授同事耳中後，免不了被小小取笑了一番，自己也感到有些不好意思。不過，這件事確實也讓我的想法起了點變化。過去從不認為自己算是有魅力的女性，此事後卻也開始覺得：「嗯，或許我還是有那麼點魅力吧！」但真正讓我打從心底接受「原來我還不錯」這個想法，是直到看見雜誌上刊出的照片之後。

你是否也深信自己是個「沒出息」的人呢？請先別過度擔憂，那副看待自己的老舊濾鏡，現在就有機會校正。試著看著鏡子，溫柔地呼喚自己的名字，然後告訴鏡中的自己：「○○○，你真的很棒」、「○○○，你非常有魅力哦」、「○○○，你是個很討人喜歡的人」。當你持續這樣做，便會開始學習用這樣的眼光看待自己。畢竟，我們正是透過自身的信念來理解、詮釋這個世界的。

每個人都期望自己能更為亮眼、更出色，但人生經驗讓我們體悟到，生命中存在著遠比外貌更恆久、更寶貴的價值。婚後，我罹患了一種不易根治的慢性病，體重增加了近十公斤，身體也變得容易疲累，因此日常大多穿著自己最舒服的運動服裝。

我先生是在我入選「Top Singles」那年認識我的，他看著我如今的模樣，心中滿是疼惜與不捨。事實上，不光是我，步入五十歲的他，身體也不復以往那般健朗。但我們早已決定，要接納並深愛彼此最真實的樣子。只要兩人真心為對方著想、互相尊重、彼此珍愛，那麼即使外貌隨著歲月變化（或者說「走樣」？），在愛人眼中，你依然是如此美麗、如此可愛。

在韓語研究中，有學者認為「美麗」（아름답다）一詞的語源，可能與「如其所有」或「如其自身」相關。此觀點指向一個結論：所謂美麗的真諦，即是展現真實的自我。因此，只要我活得像自己，並從心底認定自己是美麗的，那麼無論他人評價如何，我所相信的這份美好，對我而言便是真實的存在。

俗話說「情人眼裡出西施」，同樣地，只要事物適合自己、讓自己感到順心悅目，那便足夠。因此，從現在起，請停止再用他人定義的標準來苛求或貶低自己的外貌。我更希望你能為自己戴上一副「玫瑰色眼鏡」——一副充滿愛意、欣賞自己本來樣貌的濾鏡。

力量源自差異性

活得不一樣的權利，
奧林匹克技巧

還記得二〇二二年在北京舉辦的冬季奧運嗎？韓國花式滑冰選手車俊煥在冰面上展現亮麗演出，帥氣十足，宛如寶石亮眼；短道競速滑冰選手黃大憲以壓倒性的實力差距奪得金牌，表現相當傑出。如果各位要以國家代表隊的身分參加奧運，你想成為哪個項目的選手呢？花式滑冰、射箭、游泳、跆拳道、馬拉松、跳臺滑雪、排球、桌球、羽毛球、射擊、擊劍、騎馬、體操……。由於種類繁多，每個人喜愛的運動也不一樣，因此可能會出現各式各樣的答案。

在此，我有一個天馬行空的想法。如果選出一項國人喜愛且擅長的運動，然後全國人民只做該項運動，會發生什麼事呢？

如果那項運動是花式滑冰的話，韓國一定會成為花式滑冰的強國，而金妍兒這樣的選手將會成為國民英雄。然而，排球女帝金軟景選手這樣的人會怎麼樣呢？她的體格如此高大，想像她花式滑冰的模樣，豈不是有些尷尬嗎？不管怎樣，就算每個人都只能從事一項運動，而韓國成為了該項目的強國，我們也絕對不可能成為奧運的強國。我之所以會提出這種荒謬的假設，是為了要思考「多元性」這個主題。

不會爬樹的魚很痛苦

「力量來自於差異，而不是相似之處。」這是《與成功有約：高效能人士的七個習慣》（*The Seven Habits Of Highly Effective People*）一書作者、美國領導專家史蒂芬·柯維（Stephen Covey）所說的話。這句話意味著，具有多元想法與才能的人所組成的組織，比想法與才能相似的人所組成的組織來得更強大。事實上，成員組成多元化的組織問題解決能力高，而且更有可能開發出創新的想法或產品，這是眾所皆知的事*。對於晚婚、曾難

* Rock, D. & Grant, H. (2016). Why diverse teams are smarter. Harvard Business Review.

以適應陌生環境的我來說，史蒂芬·柯維的這句話帶給我很大的啟發。

我和先生的個性、嗜好截然不同，新婚時期經常起衝突；但我意識到，因為有那些差異，當我們以夫妻身分生活時，才能成為一個更強大的團隊。我是凡事勇於挑戰的人，而先生則是事事謹慎思考、追根究柢的人。託我的福，先生能更輕鬆地展開新的工作；也因為有他，我得以避開許多可能釀成的大錯。自從這樣看待之後，我開始用更正向的角度去理解那些因性格差異而產生的摩擦，也更懂得珍惜我們之間的互補與合作。

我們每個人都宛如寶石，在世界上是獨一無二的存在，如同世界上沒有一模一樣的寶石一樣，我們每個人都是截然不同的。然而，如果我們忽略這一點，用單一標準去評價每個人，並要求每個人要符合該標準，會發生什麼事呢？那就猶如你要求不同種類的動物全都要會爬樹一樣。

在很久以前，椰子曾是動物世界中主要的能量來源，當時倍受肯定的就是擅長爬樹、能爬到高處摘下大量椰子的動物，所以所有動物從小就拚命練習爬樹。本來就擅長爬樹的猴子輕輕鬆鬆就能成功摘到椰子，但是魚再怎麼努力練習，也只是氣喘吁吁、飽受折磨，根本爬不到樹上。

可是有一天，突如其來的氣候變化導致椰子樹數量開始驟減，土地被海水淹沒，大部分的食物都必須在水中取得。儘管如此，父母仍然要每個孩子去爬樹，可是真正的謀生之道此時已在水中。世界已經改變了，但是父母卻將孩子推向過去的標準，要求他們配合——這也許就是當今社會的面貌。

如果各位是一條魚，在這樣的情況下會有什麼感受呢？如果你覺得「什麼？為什麼要叫我爬樹？」、「我在水裡可以好好活下去」，那真是萬幸。然而，長期生活在悠久傳統中的我們，會難以察覺其中的矛盾，進而責備自己：「我為什麼不會爬樹」、「猴子那麼會爬樹，我卻連樹也不會爬，我是笨蛋吧！」如果你是金軟景選手，從小就聽說要參加奧運就必須參加花式滑冰項目，那會發生什麼事？你可能會心想：「我為什麼對花式滑冰一竅不通呢？該不會是身體受到詛咒吧？」然後開始責怪自己也說不定。

明明是魚，成長過程卻要接受嚴苛的爬樹訓練，這樣的孩子長大後會怎麼想？自己的人生已經如此痛苦與艱辛了，難道還會想在這個世界上生下神似自己的另一條魚嗎？我認為這正是亞洲出生率低的原因之一，因為人們強迫生活要追求一致性，卻不尊重多元性，導致大多數的人都認為自己是失敗者。

相反地，具有爬樹本領的猴子則認為自己相當了不起。在社會中，學校課業不就跟爬樹一樣嗎？明明只是自己在讀書方面有兩把刷子，卻自以為很厲害，連社會也給予認同和支持，所以頂尖大學出身或高學歷的人往往會有一股不恰當的優越感。

在這種實行一致性標準的社會中，必定會產生好與壞，就像資優生與劣等生一樣。人類不是牲畜，但是我們的社會卻根據成績、大學學歷、職場等標準，來劃分等級、區分優劣。即使是那些被認為是相當優秀的人，在跟比自己優秀的人比較後也會感到自卑，因此如果不尊重多元性，就會衍生出向多數人灌輸自卑感的遺憾後果，而自卑感便會在多元性的葬身之地滋長。

我們只不過是在參加自己的奧林匹克運動項目

就像夜空中沒有完全相同的星星一樣，每個人都是不同的存在，大家不僅長相不同，個性、特質、嗜好、天賦、優點與缺點也都不一樣。如此迥異的人們生活在一起，必然會產生「衝突」。即使在公司上班，也經常會發生因為與他人起衝突的窘況，而這通常不是工作所引起的。

再者，也因為無法妥善解決生活中的種種衝突，使得人們往往需要尋求精神科醫師的幫助。如果你正因為與他人之間的衝突而感到痛苦，請先試著接受一個事實：每個人都擁有其天生的特質，而且人與人本來就是不同的個體，因此，有時難以理解對方是很正常的。單是能接受這一點，就將是你能更積極面對衝突的第一步。

夫妻關係也是一樣。不然人們為什麼會說男人來自火星，女人來自金星呢？每當夫妻之間產生衝突時，我總會想起男女混合雙打比賽。如果桌球或網球這類混雙項目的選手，兩位選手的位置、優點和缺點完全相同，會發生什麼事？難道不會難以合作嗎？就像認同彼此的不同，而且我有擅長與不擅長的事情一樣，如果大家都能接受對方也有擅長與不擅長的事，內心就會舒坦許多。如此一來，大家就能朝著鼓勵對方優點、彌補對方不足的相互合作關係邁進。

如果你說了對方無法理解的話，或是想到對方無法理解的事，請想一想「奧運」。不是誰對誰錯的問題，只是彼此的運動項目不同罷了。就像如果每個人都從事相同的運動項目，我們就無法變成奧運強國一樣，當我們認同並尊重每個人的多元性，社會就會變得更強大。

我將這個稱為「奧林匹克技巧」，我們每個人都像是參加奧運比賽中的不同運動項目。彼此的「不同」，就是我們每個人的預設值。如同金妍兒選手不能拿自己的訓練方式來命令金軟景選手一樣，我們也不可將彼此的差異視為錯誤，並試圖改變它，而是要認同與擁抱它原本的樣子，這正是將衝突昇華為和諧與合作的方法。

歷史學家伊夫林・比阿特麗斯・霍爾（Evelyn Beatrice Hall）如此描述法國啟蒙主義作家伏爾泰（Voltaire）對於與自己觀點不同的人所表現出的寬容態度：「我不同意你的觀點，但是我會誓死捍衛你說話的權利。」

我們每個人都有不同的想法與意見，而且有權利以不同的方式生活，也同時必須守護彼此的權利。在為自己是世界上獨一無二的存在感到引以為傲的同時，我們也必須尊重他人也是唯一的存在。如果我們都能做到這一點，每個人就能活出自己的樣子，並且互相理解與包容，如此一來，社會就會相當平靜且和諧。

CORE MIND TRAINING PRACTICE

當每個人都能展現自己的本質與獨特能力，社會就會獲得巨大的力量。若是具有不同經驗、背景、觀點和能力的人們表現出多元的想法、創造力與創新思維時，就能壯大整個社會與組織。為了徹底活出自己的樣子，請找出自己的特質：

1. 你的經驗中，有哪些是與眾不同的？

2. 在目前所屬的團體中，你有什麼能充分發揮的優勢呢？

3. 如果你將自己的缺點和不利條件視為一項特質，而不是隨便加以評斷，你就能將它們發展為自己的潛力。請從自己的弱點或缺點中，找出值得充分利用的部分，讓它們變成你的特質。如果現在很難回答這個問題，請讀完這本書後再回過頭來回答。

堆砌磚牆好，還是建造聖殿好？

人生的驅動力，內在動機 vs. 外在動機

「我為什麼會出生在這個世界上？」

你曾問過自己這個問題嗎？這個問題的意義是「我存在於這個世界上的理由到底是什麼」。我問先生這個問題，他說他從來沒想過，於是我請他趁這次機會想想看，結果他說他是「就這樣」、「湊巧」來到這個世界上，沒有特別的原因。

針對這個問題，各位的答案是什麼呢？雖然你可能會覺得這是非常哲學的問題，但是我希望你可以藉此機會跟我一起思考看看。

出生四年後才辦理出生登記的女兒

首先，來聊聊我出生的祕密。我於一九七六年出生在韓國大邱，是家中的二女兒，爸爸在縫紉工廠當裁縫師，媽媽在工廠上班，也從事攤販生意，我有一個大我兩歲的姊姊。爸爸非常重男輕女，媽媽懷我時，他堅信老二一定會是男孩子。

後來，在醫院得知剛出生的我是女生時，他既傷心又憤怒，連醫療費都沒付就走人了。因為他不好意思告訴工廠的人老二是女兒，甚至沒有去上班。聽說後來是姑姑籌了一筆錢去繳醫療費，不過因為醫院心疼產婦和新生兒的遭遇，所以不足的醫療費由醫院自行吸收。

成年後，我曾收到一份戶籍謄本，那是現在的家庭關係證明書。仔細看了我的名字登記在戶籍上的年分，是一九八〇年，那時我初次發現自己是在出生四年後才被辦理出生登記的，甚至連出生年分都被誤植為一九七五年，而非一九七六年。以前嬰兒死亡率高，通常會等上一年左右才會辦理出生登記，但為什麼我都出生四年了還沒辦理出生登記呢？儘管無從得知確切原因，但是我似乎是一個不該出生在世界上的人，是一個不被喜愛的人。

如何？聽完我的故事後，你是不是會想，我的出生怎會如此不幸呢？然而，身為當事人的我，卻不認為誕生在這個世界上純屬巧合或運氣不好，我相信每個人來到世上都有自己獨特的目的。雖然我以不受歡迎的二女兒身分出生，但是我相當清楚自己生命的意義與此無關，我相信，我出生在這個世界上有某種目的，而且我的生命是有獨特意義的。

決定人生方向與目的的問題

有別於我，或許有很多人跟我先生一樣，認為自己不過是「就這樣」或「湊巧」被生下來的。事實上，我不知道正確答案為何，但是我們可以自己選擇要以什麼態度來生活。

請試著想像兩個做出不同選擇的人。一個人說：「我是偶然（或不幸）來到這個世界上的，所以只要苟且偷生就好。」另一個人則說：「我誕生在這個世界上一定有其原因，我會好好活著，去找出那個原因和意義。」在人生這條漫長的旅途中，這兩個人會如何展開他們各自的人生？你不覺得，他們最終會走向截然不同的道路嗎？那麼，各位會做出什麼樣的選擇呢？如果這段人生是屬於你的，那麼，相信自己是帶著某種重要目的來到這個世界上，不是更令人踏實與振奮嗎？至於那些覺得自己的出生沒有什麼特別原因的人，也可以試著換個角度思考：你希望你的孩子抱持什麼樣的態度來過生活？你會希望他說：「我只是碰巧出生，所以就隨便過日子吧」嗎？還是希望他這麼說：「雖然我現在還不知道原因，但我相信我來到這個世界是有目的的，我要去找出那個原因」？

其實，我之所以在前面提出「我為什麼會出生在這個世界上」這個問題，是因為我在探問人生的意義。這個問題之所以重要，是因為「意義」不僅決定我們如何過生活，也影響我們人生的方向與目標。根據你對人生意義（或原因）的思考，會開始轉變你的想法，並促使你採取行動。就像賽門．西奈克（Simon Sinek）那本書的書名《先問，為什麼》（*Start With Why*）所說的，人生的起點，也正是從這個「為什麼」開始。

像商品一樣區分人的等級

在前面提到的「奧林匹克技巧」中，我們已經看見，以單一標準區分優劣、忽視多元性，是多麼令人遺憾的一件事。而之所以說「思考自己為什麼來到這個世界上」很重要，也正是因為這一點。

如果我們活著卻從未思索過自己人生的獨特意義，就很容易誤以為，人生的目的是要在競爭中勝出，或至少不要輸給他人。以此為目標，國、高中生可能會認為，人生的目標是考出好成績、拉高名次，然後進入名校就讀；大學生可能相信，人生的目的在於修完學分、累積資歷，以便找到更理想的工作；而上班族則往往認為，人生就是要努力升遷，好讓自己能領到更高的年薪。

就像輸送帶上的商品被依照等級劃分一樣，請試著想像一下：如果人也被放上去，然後被區分為優劣、好壞的對象。若我們自己，甚至是我們的孩子，也站在那條輸送帶上，等待著被判定誰是「好人」、誰是「壞人」，那會是什麼樣的光景？如果你忍不住想說：「請不要拋下我，我真的有在努力認真做事！」單單為了想不被淘汰，不想被落在後頭而拚命，那樣的掙扎與恐懼，是不是太過殘酷，也太過悲慘了？如果我們和孩子的人生目標只是「無論如何都要存活下來，不要成為脫隊的人」，那樣的日子，真的值得過嗎？

當人們將「必須比別人優秀」的想法視為動力時，的確可能提升成就感，尤其在短期內，這樣的驅動力或許能讓你看起來活得更好。然而，請試著想像漫長的人生旅程：如果你活著的目標只是為了在競爭中勝過他人，那樣的人生，真的算是過得好嗎？面對僅此一次的人生，各位想以此為目標過日子嗎？你希望孩子也過著那種生活嗎？

你要成為最厲害的，還是找到意義？

這是一個父親是名醫，兒子也承襲衣缽的故事。父親總是告訴兒子：「要站在世界最厲害的舞臺上，成為最頂尖的人。」他讀諾貝爾醫學獎得主的著作給兒子聽，並說：「不管費時多少年，你都要挑戰諾貝爾獎。」聽完這則故事，身為精神科醫師的我不禁感到揪心，因為我所擔心的是，他教導孩子要努力在競爭中成為最頂尖的人，並獲得享有聲望的大獎。

許多想成為醫師的學生會來找我諮詢，我經常問他們：「你為什麼想當醫生？」如果原因是因為那是一份有聲望、收入高、相對穩定的工作，我會建議學生：「等你長大後，更符合那些條件的工作比比皆是，所以請你再仔細想一想。」相反地，我會對那些因為想幫助受苦病人而渴望成為醫師的學生說：「雖然照顧病人很辛苦，但這麼有意義的工作是很難得的。」

我出於好奇，查詢了前面提到的那位醫師之子是否獲得了諾貝爾獎，卻看到他提供與事實不符的內容，並因收取投資者鉅額資金而接受調查的新聞。或許這樣的想法有些唐突，但我不禁想，如果他的父親說的是「你要把心思放在減輕患有不治之症病人的痛苦上」，而不是「你要挑戰諾貝爾獎」，那會怎麼樣呢？如此，他給兒子的建議，就會是請他專注在工作的「意義」上，而不是成果、成就，或獲得最榮耀的獎項。

如果你是病人，你會選擇哪位醫生呢？是那位為了獲得諾貝爾獎而不斷努力的醫生，還是那位全心全意盡力減輕病人痛苦的醫生？大多數人會選擇後者。為什麼會這樣呢？站在病人的立場，是否獲得諾貝爾獎似乎並不重要，對我付出努力、真心關懷我的醫生，才是最值得依賴的。也許是因為，將獲得諾貝爾獎視為終極目標的醫生，似乎不會對我這個病人有太多關注。當然，也有一些醫生的研究工作可能遠多於親自治療病人，但這些醫生的最終目標也不一定是諾貝爾獎。相反，解答醫學上的難題或解決醫學問題，甚至進一步減輕人類的痛苦，這些目標顯得更加有意義。

如果你的目標僅僅是成為最優秀的，或是獲得外界的認可，那麼你可能會忽略工作的真正意義，甚至因為過度追求目標而不擇手段，最終反而帶來不良後果。

以「在競爭中獲勝，並成為最優秀的人」為目標的人還有另一個盲點，就是難以跟他人合作，因為他們會對比自己優秀或走在前頭的人保持警戒，並加以牽制對方。然而，在急遽變化的未來社會中，人們必須解決的問題會變得愈來愈複雜，獨自能完成的工作也會逐漸減少。

光是我所從事的醫學領域，就有許多與大學和實驗室共同進行的研究。在過去，許多人曾為了「我是第一個在研究室裡發現它的」而感到自豪，但那樣的日子早已過去。如今，單純追求贏過別人、成為第一的目標已經不再適用。現在，與他人合作，互相扶持，才能走得更遠，這樣的時代已經來臨。

內在動機的巨大力量

會驅使我們做某件事的動機，大致可分為外在動機（Extrinsic Motivation）與內在動機（Intrinsic Motivation）。簡單來說，外在動機跟行為沒有直接關係，而是由外在因素所給予的動機，例如名次、獎勵、罰款、薪水、升遷等。反之，內在動機則是來自於該行為本身的動機，例如興趣、樂趣、價值等。

近來，許多父母希望培養孩子的讀書習慣，經常會在孩子讀完幾本書後，給予零用錢或其他形式的獎勵，這已經成為一種普遍的現象。以下的研究與此現象相關，該研究將九至十歲的國小三、四年級學生分成三組，觀察不同動機的效果與作用。第一組的孩子可以閱讀自己挑選的有趣書籍，父母則會對孩子的閱讀行為表現出關心。第二組的孩子則是根據所讀書籍的冊數來獲得獎勵。第三組的孩子則沒有收到任何特殊指示，作為對照組。

經過一年觀察，研究團隊發現第一組讀的書比其他組多，而且孩子們學習能力提升的同時，也覺得閱讀更有趣了。比起其他外在獎勵，根據自己的興趣自主閱讀的內在動機，再加上父母的關心，成為了更強大的動力*。

* Gottfried, A, E., Fleming, J. S., & Gottfried, A, W. (1994). Role of parental motivational practices in children's academic intrinsic motivation and achievement. Journal of Educational Psychology, 86(1), 104~113.

除此之外，其他實驗結果也顯示，內在動機比外在動機具有更強大的驅動力，這已是眾所周知的事實。然而，我們的社會似乎仍然重視外在動機。「要名列前茅」、「大學名氣很重要」等觀念，從小便深植我們的心中。即使到了成年，許多人依然在為了薪水、升遷等外部獎勵而努力工作，大多數人奮力地生活，是為了避免績效低落可能帶來的不良後果；為人處世力求端正，則是為了避免犯錯時遭受懲處。

最近，我看了一個針對韓國青少年進行的校園暴力與性暴力預防教育計畫。這個計畫以人類尊嚴和相互尊重的價值為基礎，強調內在動機的教育，這樣的做法相對少見。相反地，大多數的教育內容卻是強調外在動機，例如：「如果你犯下這種錯誤，將會對你的大學入學考試帶來負面影響，甚至可能會被罰款或監禁。」這種以懲罰為主的教育方式比比皆是。

一位在國外學校受過教育後回到韓國的小學生曾這樣評論韓國文化：「在韓國，人們似乎被教導要表現得體，以避免受罰。」正因為整體社會文化與教育氛圍的影響，人們對於什麼是內在動機，或該如何培養內在動機，往往感到陌生並難以理解。

你聽過三個砌磚工人的故事嗎？這個故事有多個版本，我將介紹其中一個。故事發生在一六六六年，當時一場大火將英國倫敦市中心的許多建築燒成灰燼，甚至連當時最重要的聖保羅大教堂也未能倖免。後來，市民們齊心協力，努力重建教堂。

有一天，負責設計新教堂的著名建築師看到三個砌磚工人正在專心砌磚，他走向每一位工人，並問道：「你現在在做什麼？」

第一個人回答：「我是砌磚工人，為了養家餬口，我正在努力堆磚塊。」第二個人說：「我是建築商，正在建造一堵氣派的牆。」第三個人充滿自信且自豪地說：「我正在建造一座尊貴的聖殿，以事奉上帝。」據說，建築師後來讓第三個砌磚工人擔任領班。因為明白自己從事工作深層意義的人，會帶著熱情工作，不僅工作完成度高，也具有領導特質。

內在動機，源自於行為本身所帶來的意義、好奇心、成就感、責任感、自豪感與內在獎勵，這樣的動機能激發人主動且積極地投入於工作或行動中。對人類而言，內在動機所產生的力量不僅比外在動機更為強大，也更加持久。那麼，在一個一味強調外在動機的社會中，會發生什麼樣的事呢？

只強調外在動機時會產生的弊端

正如前面所提到的，外在動機是來自外部獎懲的驅動力，與行為本身並無根本關聯，因此極易受到外在環境的影響。原本設為目標的獎勵可能會消失，或是被他人捷足先登。而且，相較於內在動機，外在動機的持久性也較差。大多數上班族工作是為了獲得薪水這項獎勵，但當薪水長期維持不變時，帶來的往往不是滿足感，而是怨懟；即使偶有加薪，也不一定能帶來真正的喜悅與持久的動力。

你曾經有過升遷的經驗嗎？那份喜悅持續了多久？三個月？還是三個星期？那麼，如果你為了升遷努力工作多年，卻始終沒有升遷呢？在那之後，你還會一樣認真地工作嗎？外在動機很難成為長期有效的驅動力。許多人以為，只要升遷或獲得獎金這類獎勵就能感到幸福，因此努力工作。但事實上，這些外在的獎勵並不能真正帶來持久而深刻的幸福感。

韓國延世大學教授金周煥長年研究冥想、鍛鍊心理肌力、溝通能力與復原力等主題。他所寫的《冥想改造大腦》（내면소통）指出，有條件的幸福並不是真正的幸福，唯有「無條件的幸福」（Unconditional Happiness）才是真正能觸及內心深處的幸福。

他提到，如果你想著「只要我擁有〇〇，我就會幸福」，那麼，最終〇〇就有可能變成不幸的根源。當我們認為「只要買了房子、只要成為教授、只要擁有一百億，我就會幸福」，那麼一旦無法實現這些目標，勢必會感到痛苦與不幸。即使這些願望得以實現，也只帶來短暫的快樂；而害怕這份幸福會迅速消失，這種焦慮就會成為新的不幸。當我們深信「獲得某樣東西就能讓自己感到幸福」，這種信念會驅使我們行動，但這種建立在「得到」之上的外在動機，根本無法帶來真正且持久的幸福。

此外，由於不可能每個人都獲得獎勵，因此外在動機往往會引發競爭。試著想像一下，如果你必須一輩子都在競爭中爭取勝出……長期面對這樣龐大的壓力，難道不會讓人感到窒息嗎？那樣的生活，肯定既疲憊又難以持續。相反地，如果你相信按照自己的步調，一點一滴地成長，才是真正理想的生活方式，那麼你的內心將會更加穩定與踏實。

「我們來到世上不是為了贏得勝利，而是為了成長。」在這個被稱作「無限競爭的社會」的現代社會中，我希望你將瓊．齊謠斯特*（Joan Chittister）修女說的這句話放在心上，並且重

* 國際知名作家及演說家，致力於推廣公理正義、性別平等和全球和平。

新思考生活的意義。

讓世界變得比你發現時更美好

對人類來說，「意義」是強大的內在動機。對我們來說，最重要的「意義」包括愛、歸屬感、自我實現、價值實現、貢獻（Contribution、Service）等，在這當中，貢獻被認為是人類所能表現的最崇高意義。

「讓世界變得比你發現時更美好。」（Leave the world a better place than you found it.）是一句廣為流傳的格言，也是 Apple 這家全球企業在創立初期所秉持的核心理念。但其實，讓世界變得更美好，並不是只有最頂尖、最知名的人物或企業才能實現的事。無論你現在身處什麼位置、從事什麼工作，只要在當下盡心盡力，把眼前能做的事做好，就已經為世界帶來正面的影響了。

美國黑人民權運動領袖馬丁·路德·金恩（Martin Luther King, Jr.）博士曾在一所黑人高中發表演說，對那些對未來感到迷惘、憂心前途的學生，他留下了這番深刻的話語：

「如果各位成為了道路清潔工，請你們全心全意去清掃街道——就像米開朗基羅作畫、貝多芬作曲、萊恩泰妮·普萊絲（Leontyne Price）在大都會歌劇院歌唱、莎士比亞寫詩那樣。把街道清掃得如此乾淨，讓天地間的萬物與所有的主宰都會停下腳步，讚嘆道：『這裡有一位真正盡心盡力、卓越出色的清潔工。』」

藝術家用作品感動人心；餐廳老闆用料理滋養身心；清潔工打造整潔宜人的環境。他們都在自己的崗位上，讓這個世界變得更加美好。

如前所述，我曾是一個「不該出生的女兒」，出生四年都沒有報戶口。然而，我始終認為自己被賦予了許多寶貴的事物。活在這個世界上，我不斷思索，該怎麼做才能讓世界變得更加美好。二十多年來，人們稱呼我為醫生，我也始終認真地照顧病人、培養年輕一輩的醫師。如今，我又多了作家與講師的身分，一直努力地將自己至今所獲得的一切分享給更多人。

無論我是否「應該出生」，如果我能懷抱熱情、盡心奉獻，讓這個世界變得更好，那麼，我的人生是否也能因此變得美麗、有價值、充滿意義呢？等到那一天來臨、我要離開這個世界時，我希望能坦然地說出這句話：「我這一生，過得真好。」

如何找到人生的意義

如同前面所提到的，「貢獻」的價值在尋求人生意義的過程中格外重要。不過，如果單純要求我們以自身所擁有的能力去改善他人的生活，聽起來似乎像是在強調利他主義，好像只准我們做對別人有利的事。然而，事實並非如此。請試著思考，我們為了生存所選擇的職業或日常所肩負的任務，往往本質上就是「滿足他人需求」的工作，透過這樣的工作獲得報酬，這正是職業的意義。通常有兩種方式能找到這樣的工作：一是解決別人的問題，二是為他人提供價值。以我身為醫生為例，我不僅幫助病人解決疾病帶來的困擾，同時也提供了關於健康的重要價值。因此，只要運用自己的才能去思考「我能解決哪些問題？我能提供什麼價值？」這樣一來，一份有意義、有價值，並且能激發內在動機的職業自然就會出現，它甚至可能成為我們的天職，同時也讓我們得以貢獻社會。通常來說，貢獻愈大，所獲得的回報也愈大。因此，所謂的「貢獻」，並不只是單方面為別人付出，而是也包含了我們自身的成長與回報。

你仍然找不到人生的意義嗎？那麼，第一步應該是深入瞭解自己，也就是細心觀察你的天賦、優點與缺點、強項與弱項，以及喜歡和討厭的事物。這個過程稱為「自我反省」。若想進行自我反省，建議先讓周圍保持安靜，把注意力集中在自己身上。這時，呼吸練習或冥想會非常有幫助，到草地上散步也能讓心情平靜下來，更容易思考自己的長處與短處。你也可以試著把自己喜歡的事物與討厭的事、擅長與不擅長的事寫在紙上。寫作是一種幫助整理思緒並表達內心想法的好方法。另外，詢問身邊的朋友或家人你擅長什麼，也可能讓你發現意想不到的一面。

如果你還不清楚自己的天賦是什麼，我建議你可以從「感興趣的事」或「覺得有趣的事」著手，因為天賦往往就是從這些興趣中孕育而生——從興趣發展成專長，最終成為真正的天賦。

當你找到感興趣的事物後，可透過旅行等方式去親身體驗，也可透過閱讀書籍、雜誌，或參加線上講座等方式深入學習、探索。另外，也請你記得，未來的世界將更廣泛地認可多元的價值。除了現在人們普遍認為的「天賦」之外，像是創作娛樂內容、音樂、美術、舞蹈等藝術領域，或具有創造力與獨特性的才能，也將被視為極具價值——這些天賦很有可能創造出比過去更大的影響力。因此，即使你暫時沒有發現自己具備傳統認知裡的某種天賦，也無須氣餒。未來仍會有無數機會，讓你發揮你所擁有的一切，為這個世界帶來美好的改變。

《標竿人生》（*The Purpose Driven Life*）一書的作者華理克（Rick Warren）牧師曾提出一個問題：「我為什麼會來到這個世界上？我應該用自己所擁有的去做些什麼？」

或許有許多人出生在比我更優越的環境中，這些人一出生便受到歡迎，很快便能安穩地進入社會。難道有些人會因爲認為自己只被賦予「不好的事物」，而因此認為自己無法有所貢獻嗎？在這裡，「自己被賦予的事物」並不僅僅指的是「好的方面」。以我為例，包括了出生時並不被期待、住院醫師考試落榜、ADHD、不孕症、慢性病等，這些常被大多數人視為「不好的東西」。然而，我卻認為，我所擁有的這些經歷正是禮物，讓我成長了許多，並且更能理解和同理他人。

從現在開始，「在我的位置上，應該用我被賦予的事物做些什麼」將成為我的責任，也是我的選擇。我深信，不斷思索這個問題的人，必定能找到人生的真正意義。一旦你發現了那個意義，許多日常的瑣事與那些本不願意做的事情，將開始變得與眾不同，你將像建造聖殿的砌磚工人一樣，充滿自信地過著自己的生活。如此一來，你不就找到了自己的答案嗎？「原來，我是為了過這樣一個有意義的生活才來到這個世界，而不是因為偶然或運氣不好才出生的。」無論是愛、歸屬感、價值實現，還是貢獻，只要在生命中找到屬於自己的意義，我相信那便是美好的人生。

CORE MIND TRAINING PRACTICE

讓我們一起來思考那些攸關生命意義與目標的問題吧！雖然這些問題沒有標準答案，但每個人都可以選擇以自己的方式來思考，努力試著找出那份內在的動機，讓它成為推動人生持續前進的原動力。請反思自己所期許的事情與所追求的價值，同時試著回答以下問題：

1. 你為什麼會出生在這個世界上？

---

2. 你被賦予了哪些東西(天賦、經驗、創傷)？

---

3. 你希望用自己被賦予的事物做什麼事？

如果想要避免受傷

讓傷害變成禮物的方法，
米袋技巧

活在這個世界上，有誰能保證自己從未傷害過他人呢？在日常生活中，我們既可能傷害別人，也可能被別人傷害，而這往往與我們的本意無關。即便是父母，也會在無意間傷害自己的孩子，這並非出於不愛，而是因為父母也是人，並非完美無缺。

或許每個人所受的傷口大小、發生頻率與時間點有所不同，但沒有人能毫髮無傷地走過人生。因此，僅僅因為自己受過傷，就認定自己有問題或是不完整，是沒有必要的。儘管如此，我們周遭仍有許多人，因為過去痛苦的記憶與由此衍生的恐懼，而過著充滿不安與不幸的生活。也有一些人，甚至從未意識到自己受過傷，卻在關係中一次次碰壁。那麼，這些傷害究竟對我們產生了什麼影響呢？

成長過程中受傷的自尊心

人類出生時就有一定程度的健康自戀（Healthy Narcissism）。我們常常可以在孩子身上看到「我是很棒的人」、「我做得到任何事」的態度，這種與生俱來的自信與高自尊，在成長過程中會因為接收到各種負面回饋而被削弱，例如一直接收到「你有很多缺點」、「有很多事你都做不到」這類現實的訊息，所以隨著年紀增長，認為「我很棒」的人會愈來愈少。

在成長過程中收到的負面回饋往往會在我們身上留下傷痕，如果沒有妥善處理或克服過去的創傷，很有可能會成為生活中的絆腳石。傷口會對我們自己的核心信念造成負面影響，甚至會變成一副有色眼鏡，模糊了我們看待世界的視野。

遺憾的是，受到傷害的人也會對他人造成類似的傷害，就像小時候從父母那裡受到的傷害會傳承給自己的孩子一樣。為了防止這種惡性循環，我們必須好好觀察及清理傷口，而不是視而不見。

察覺並拉起堆在船艙內的米袋

我們每個人都是船長，駕著自己的船航行在人生這片大海上。可是，想好好駕駛這一艘船並不容易，有時會碰上大風大浪，有時也會因為意外觸礁而面臨險境。在船艙內也會迎來更大的危機，生命中所受過的創傷，以及被拒絕、被忽視、被操縱的記憶，都會變成負擔，一層又一層地堆疊在船艙內，我將這些負擔稱為「米袋」。

許多人在童年時期，因為父母帶來的傷害而過得格外辛苦。父母出於「希望孩子有出息」的心願，遞給孩子一袋米，並叮嚀：「餓了就吃吧！」然而，這袋米早已變質，不僅對孩子毫無助益，反而成了沉重的負擔。不僅如此，孩子還得背負來自學校或社會的其他米袋。我們雖然手握地圖和指南針，努力好好駕駛人生這艘船，卻因為負載過重，無論如何都無法順利前行。轉向時稍有不慎，甚至可能因為重心不穩而整艘船翻覆。

各位會如何處理這些成堆且變質的米袋呢？我簡單舉幾個例子讓你想一想。

①每當想起時，就拿出一些細細品味。

②先妥善保存，再傳給下一代。
③將它還給送給你的人。
④藏在更深的倉庫，避免發出異味。
⑤丟進大海裡。

一定有很多人會選擇③這個選項。也許你會覺得這樣做能讓自己一吐怨氣、內心痛快，但事實往往並非如此。或許，那個傷害你的人，也只是從別人那裡接過了那袋米——可能是他的父母、老師，或是公司老闆先傷害了他，而他再將這份傷害傳遞給你。因此，即使你選擇把這袋米還給對方，它很可能又會轉移到別人身上，或者大家就這樣彼此不斷丟來丟去，陷入無止境的惡性循環。仔細思考就會發現，最好的做法，其實是選擇⑤——「把它丟進大海裡。」

為此，你要做的第一步是意識到自己的船上有一袋變質的米袋。許多人認為它無害，將它塞在深處繼續過日子；然而，這些人會因為無心的一句話而受傷，自尊也很容易跌到谷底。為了打破這種模式，你必須先正視並承認你有創傷，而且那道傷口正困擾著你，接著才能邁向下一步。

在承認傷害之後，你需要做的是表達自己的感受。你必須扛起那袋米，走上甲板，坦然地讓人看見你受了傷、心裡很痛。因為你無法療癒自己無法感受到的東西，所以請先允許自己去感受，然後把這份感受具體地說出來。

例如：

「以前爸爸因為我成績不好而打我，那時候我真的非常害怕，我對他既生氣又怨恨，那段經歷深深傷害了我。」

「身為丈夫，怎麼可以對太太說出那麼難聽的話？我真的感到非常心痛。」

你必須像這樣，具體而真實地表達出自己所感受到的情緒。唯有如此，療癒才有可能開始。

傷害你的人，可能早已離世，無法再見；也可能是你難以開口重提往事，或擔心對方無法承受你的情緒，結果讓你在表達後反而受到更深的傷害。在這種情況下，即使只有你一個人在，也仍然必須將情緒表達出來。這不是一件需要反覆做的事，所以和選項①「每當想起時，就拿出一些細細品味」並不相同。你可以選擇擇日再表達，也可以在散步時邊走邊說，或是獨自在房間裡說出口。請勇敢地承認自己的傷痛，並充分表達它。你也可以透過書寫，把那些情緒寫下來。當你意識到自己肩上扛著那袋米，接下來要做的第一步，就是承認它的存在，並且真實地表達出那份受傷的情緒，這就是療癒的第一階段。

將米袋丟入大海

當你意識到自己的船上載著已經變質的米袋，是不是已經開始將它們從倉庫裡搬出來，帶到甲板上了？如果你已說出「你帶給我的傷害，讓我一直痛苦到現在」，也抱怨過「你怎麼可以那樣對我」，那麼，接下來要做的事情是什麼呢？是時候鼓起勇氣，將那些米袋丟進大海了。

這並不等同於要你原諒對方。當然，如果你能原諒，那是一件很棒的事。但「我赦免你的罪」這樣的話語，對許多人來說難以啟齒，畢竟那幾乎是神的層次。相較之下，如果將這個過程想像成「送走」那些已成為負擔的米袋，或許會容易許多。繼續緊抱著那些米袋，只會讓你的船愈來愈沉重，不僅隨時有傾覆的風險，還可能將這些負擔毫無保留地傳給下一代，甚至對你與他人的關係造成傷害。因此，請把那些已經腐敗、發出惡臭的米袋，毫不猶豫地丟入海中。只有這樣，你的船才能重新穩定前行，而你也會在不知不覺中，感受到內心的輕盈。

在丟棄米袋的同時，不妨試著找找看，有沒有什麼是你仍想感謝的。或許，儘管對方曾經傷害你，但他那麼做，很可能是出於某種「為你好」的心意。這樣的話，你可以選擇感謝那份出發點的善意。尤其是當傷害來自家人時，如果你相信他是出於好意，那麼就感謝那份心，再一一將那些帶來痛苦的東西丟進海裡吧！

舉例來說，假如你的父親曾傷害你，但他同時也傳承給你堅毅與誠實的品格，那麼你或許能對此心懷感激。你可以這麼想：「爸爸給我的米袋裡，有幾粒好米，我很感謝他。但其餘那些變質的米與米袋，我已經不需要了，現在，我要把它們丟掉。」抱著這樣的心情，把那些沉重的米袋一一放下吧！

監獄不在外面，在我的內心

現在，船身是否已經變得輕盈一些了呢？既然如此，接下來請你找出自己想航行的方向、你渴望的事物，以及你真正想做的事情。如果你一直過著在海上漂流的生活，被米袋的重量壓得無法動彈，那麼現在正是時候確認你想前往的航道。

緊盯著對方，心想「你竟然那樣傷害我，讓我看看你現在過得怎麼樣」，對你的航行並沒有任何幫助。請將注意力轉向你自己要前進的航道。一直想著「要如何報復」或「要怎麼避免再遇見那個人」，就等於是把船長的位置讓給了對方。只要心中想著：「你走你的陽關道，我過我的獨木橋」，就足夠了。

現在還有人正在持續傷害你嗎？後續會介紹「線距技巧」，詳細說明應該如何面對這樣的人。在此之前，簡單地說，就是請讓對方遠離你的生活。

心理學家伊蒂特．伊娃．伊格（Edith Eva Eger）博士，是在猶太大屠殺中倖存下來的猶太人，同時也是一位致力於幫助創傷者療癒的治療師。她並沒有要求我們「原諒」那些傷害我們的人，但她提出了另一個方向——「放下」（Release）創傷，並「讓自己自由」（Be Free）。

十七歲那年，還不會說英文的伊蒂特，被送進了奧斯威辛集中營，並在那裡失去了她的父母和姊姊。原本被視為芭蕾界明日之星的她，因為曾在一名被稱為「死亡使者」的納粹軍官面前跳舞，奇蹟似地活了下來。

之後，她前往美國，雖然身體遠離了集中營，但她的心卻仍被過去的回憶所囚禁。那些創傷，以及由創傷衍生出的憎恨、怨懟與罪惡感，使她不斷自責：「如果我當時做出了不同的選擇，也許父母就不會死去。」這些負面情緒長期折磨著她。

伊格博士曾說：「監獄並不在外面，而是在我的內心。」即便她逃出了奧斯威辛這座實體的監獄，她也坦言：「我仍被關在內心的監牢中。」

伊格博士著有《什麼樣的禮物可以拯救你的人生？》（*The Gift*）和《抉擇：放下，擁抱生命無限可能》（*The Choice*）。在書中，她將在奧斯威辛集中營中感受到的痛苦與創傷比喻為「禮物」，那次的創傷改變了她看待世界的角度，並讓她找到生命的意義與目標，後來她成為一名治療師，得以治癒跟她一樣受過傷的人。不是所有人都有辦法將創傷視為禮物，但至少不該讓你受到的傷害變成一座監獄，持續困擾你的人生，或是對其他關係造成傷害。我想跟大家分享一句伊格博士說過的話：

「你無法改變過去，你無法改變過去發生的事，但是你可以選擇讓自己自由。」（You can't change the past. You can't change what happened. But you can choose to be free.）

是否要擺脫過去的創傷，並從內心的監獄中獲得自由，是我們的「選擇」。書的原名「The Choice」也是意指選擇。

在漫長的人生航程中，你會選擇把變質的米袋留在船上，咀嚼一口後再丟給別人嗎？還是會將那些米袋搬上甲板，毫不猶豫地拋入大海？選擇權始終掌握在你手中。因此，請鼓起勇氣，試著挑戰看看。閉上雙眼，打開藏在船艙深處的倉庫。現在，你要做的是扛起那些發臭、變質的米袋，一個個地丟進大海，讓自己解脫、獲得自由。然後，請站回船長的位置，重新掌舵，駕駛這艘已經變得輕盈的船，航行在寬闊的海洋上，望向你渴望前往的遠方。去感受海鷗的鳴叫聲從遠方傳來、涼爽的海風拂過臉頰、清新的海洋氣息在空氣中瀰漫，以及陽光溫暖地灑落在臉上的觸感。從現在開始，啟航吧，朝著你真正想去的地方前進。你將體會到，那種輕盈與自由，正是唯有擺脫「內心監獄」的人才能真正感受到的。

CORE MIND TRAINING PRACTICE

請各位試著練習，將堆積在內心深處的變質米袋一一送走。請鼓起勇氣，把那些在人生中如同重擔般的米袋送走吧！以下是這個練習的三個步驟：

1. 你內心最沉重的創傷是什麼呢？

2. 請寫下令你心痛的經驗。

3. 練習將這些「米袋」丟入大海。

想要逃避時，從容面對的力量

處理不適的專家技能，燙手山芋技巧

禹鎮是一位上班族，因為過度在意他人的情緒，導致他難以表達自己的想法。乍看之下，這樣的行為似乎是為他人著想，但實際上，是因為他害怕在表達意見時感到不舒服，於是選擇迴避；這樣的行為模式，使他習慣壓抑自己的想法與立場。不久前，部門內部進行了業務調整，禹鎮的工作量大幅增加，而且由於他不擅長拒絕別人，常常一口氣接下他人的工作。如果想改善這種狀況，他該怎麼做呢？

在生活中，有時你必須在感到不舒服的情況下，勇敢地表達自己的意見。比方說，當你要捍衛自己的權益，或是制止他人的無禮行為時。然而，如果你為了逃避那份不舒服，連該說的話都無法說出口，那麼，會發生什麼事呢？

或許，這樣的選擇不會立刻引發明顯的衝突，但你將為此付出不小的代價。在根本問題未獲解決的情況下，你所面對的困難只會日益嚴重。更大的問題在於，這樣的迴避行為可能會破壞你與對方原本應該建立在平等基礎上的關係平衡。

若你只是想逃避那短暫的不舒服時刻，那麼你就必須把自己困在一個「零風險」的範圍內。然而，這樣的環境幾乎不存在；即使存在，它也只會是一個狹窄且封閉的世界。如果你在人生中必須不斷壓縮自己的生活空間，那麼你對生活的滿意度與幸福感，勢必也會隨之降低。

如何妥善處理不舒服的情況與情緒

在兒童精神科接受培訓時，我學到了一個非常重要的養育原則：讓孩子在「滿足」（Gratification）與「挫折」（Frustration）之間取得平衡。這個原則的出發點，是幫助孩子理解人生既不會只有挫折，也不可能事事如意。因此，能夠承受並克服挫折，再次站起來，是每個人都必須具備的能力。

在成長過程中，孩子不僅需要適當地體驗滿足感，也必須經歷一定程度的挫折感。正是在一次次跌倒、努力站起來的過程中，孩子得以培養處理困難和調節情緒的能力。

例如：成績與努力不成正比、朋友說了讓人難過的話，或是被喜歡的人拒絕——這些情緒上的波動，往往來得出乎意料。然而，孩子若能在成長中透過實際經驗與不斷練習學會面對不適，就不容易陷入絕望，反而能再次邁步向前。擁有這樣的勇氣，他們就能拓展自己的生活範圍，迎向更寬廣的世界。

那麼，如果一個人在童年時期未曾學會如何處理不適與情緒，又該怎麼辦呢？

「燙手山芋」這個詞，用來形容那些既重要又棘手、敏感的問題。它是一種象徵性的說法，比喻那些因為過於燙手、讓人想立刻甩掉的問題，或是大家都想逃避、不願意處理的人際難題。在人際關係中所產生的不適情況與負面情緒，也可以被視為一種燙手山芋。

然而，無論這顆山芋有多燙，如果它是你生活中重要的議題，你應該選擇「拿在手中處理」，而不是一味逃避。你可能會覺得自己做不到，但就像透過運動可以強化肌肉，我們的內心也能透過鍛鍊變得更加堅強。請試著對自己說：「我有能力妥善處理這個狀況與情緒。」只要持續練習自我鼓勵，你會發現，處理這些問題將變得愈來愈輕鬆。

能夠處理燙手山芋的人，會變得更加勇敢。因為他們對自己的應對能力充滿信心，即使未來再次面對棘手的局面，也能勇敢迎戰。那麼，現在就讓我們來看看，具體要如何訓練自己來處理這些燙手山芋吧！

燙手山芋技巧三步驟，在困境面前也能信心十足

第一步，是認清自己手中所被賦予的燙手山芋。你必須坦然面對當前的難題，勇敢正視它們。以禹鎮為例，他想逃避的燙手山芋包括焦慮、擔憂與恐懼：

1. 表達自己的意見讓我感到有壓力，甚至有些不好意思。
2. 我擔心一旦表達意見，對方可能會生氣，甚至因此不喜歡我。
3. 表達意見之後，情況似乎反而會對我更加不利。

第二步，是對自己說：「我可以處理這個情況。」當你已經認清了自己的燙手山芋，接下來就是鼓勵自己、建立信心。即使在對業務分配提出異議時會感到有壓力，也可能擔心因此遭到同事冷眼或吃虧，但這正是你需要告訴自己：「我一定能搞

定這件事」的時候。

若總是為了逃避不適的情境或情緒，而一味壓抑自己，那麼你可能會陷入低自尊、自卑甚至憂鬱等心理困境。因此，無論面對多麼燙手的山芋，都要下定決心，依靠自己的力量來掌控它。你會驚訝地發現，原本看似困難的情況，其實比想像中還要容易處理。

當你感到焦慮、擔憂，甚至想逃避某件事時，不妨試著每天早晚對著鏡子大聲說：「我可以搞定這個情況。」（I can handle it.）自我對話（Self-talk）具有如同咒語般的力量——當你開口說出這句話的那一刻，它就已經開始發揮作用了。這是一種透過語言來鼓舞自己的自我肯定練習。

第三步，是深呼吸，並親自處理這顆燙手山芋。以禹鎮為例，他需要鄭重地表達自己的意見。如果在前一步已在內心灌注了勇氣，現在就要透過先前學過的呼吸技巧來平靜情緒。在進行「4-2-4 呼吸法」的同時，一邊吐氣一邊默唸「我可以搞定那件事」，效果會更顯著。當內心安定下來之後，就可以好好地向對方表達自己的立場。

能清楚知道並表達自己的想法，也是一種需要練習的能力。

你可以先把想說的內容寫在紙上，再對著鏡子練習說出來。和家人、朋友或諮商師進行角色扮演（Role play）也有幫助。

當你做足了練習，實際與對方對話時，結果可能不如預期，也許談話過程不那麼順利，甚至未必得到你想要的回應。即便如此，也不要感到氣餒——你已經踏出了重要的一步，這本身就是非常值得肯定的事情。

只要你持續面對並處理那些你原本想逃避的不適情境與情緒，你會漸漸發現自己愈來愈從容不迫，原本覺得燙手的山芋，也不再那麼令人害怕，內心的不適感也會隨之大大減輕。

也許，人生就是每天處理手中接過的燙手山芋。然而在現實生活中，若要真正正面迎戰這些燙手的難題，還需要一項關鍵元素，那就是——勇氣。這裡所說的勇氣，並不是毫無畏懼，而是在感到膽怯、害怕的情況下，仍然「選擇去做」。

身兼美國作家與民權運動家的馬雅·安傑洛*（Maya Angelou）曾這麼說：「在所有美德中，勇氣是最重要的。因為若沒有勇氣，

＊極具影響力的美國作家、詩人、劇作家、編輯、演員、導演、教授以及民權運動家。

你將無法持續實踐其他任何一種美德。」無論你具備多麼出色的能力，如果缺乏勇氣，事情往往連開始都無法開始；但只要有足以對抗恐懼的勇氣，生活中的燙手山芋就會逐漸變少。

一個擁有處理燙手山芋經驗的人，即使身處困境，也能先坦然接受，再設法應對。即便問題艱難複雜，他們依然選擇相信自己有能力處理，而非逃避那些令人不安與害怕的情緒。這不正是一種強大的力量嗎？甚至足以斬斷人生路上那些束縛自己的粗重繩索。願你也能開始練習這項「處理燙手山芋」的能力，並擁有那股能帶領自己邁向理想人生的超能力。

CORE MIND TRAINING PRACTICE

「燙手山芋技巧」是一種用來調適不適情緒、培養面對困境能力的方法。為了讓這項技巧發揮真正的效果，首先要做的，是深入瞭解自己手中的燙手山芋，然後鼓起勇氣，開始練習如何掌握並處理它。請試著回答以下問題，進一步釐清狀況：

1. 你目前必須面對、卻想逃避或正逃避的問題是什麼？

2. 在這個狀況中，究竟是什麼讓你特別感到害怕與擔憂？

3. 想像那個讓你又害怕又想逃避的燙手山芋，然後一步步實踐燙手山芋技巧的步驟。

太過留意他人情緒而感到疲倦時

給高敏人的內在處方箋，身價技巧

二〇一九年，《紐約時報》刊登了一篇專欄，提到「察言觀色」是韓國人幸福與成功的祕密之一。韓國社會非常重視他人的眼光，普遍認為不懂得看人臉色是一種缺點；孩子從小就被要求言行舉止要符合長輩的指示或社會的期待，而不是忠於自己的個性與想法。

另一方面，那些經常在意家人、朋友或職場上司等周遭人的言行舉止，並因此感到身心俱疲的人，往往十分敏感。他們容易被他人的話語所傷，且會將這些傷害長時間壓抑在心裡。此外，他們常會極力避免人際之間的不適感，一旦發生衝突，便會將責任歸咎於自己，心想：「我應該表現得更好才對。」

一提到「敏感」，我們往往直覺地將它視為負面的人格特質，因此敏感的人有時會極力掩飾自己的敏感，深怕被他人認為難以相處。然而，敏感的人其實心思細膩、觀察力敏銳，若能妥善運用這些特質，它們反而能轉化為極具價值的優點。在重視縝密度的研究、紀錄等領域，敏感者能充分發揮其細緻入微的能力；同時，他們也擅長體貼與同理他人，照顧他人的能力十分出眾。

若一個人有著強烈的避免衝突傾向，也可以說他擁有強烈的追求和平性格。據說查爾斯．達爾文與聖雄甘地也屬於高度敏感的人，他們憑藉敏銳的觀察力與和平主義傾向，對人類的發展與和平貢獻良多。所有正向的改變，都是從「覺察」（Awareness）開始的。因此，若你因為敏感而感到困擾，不妨試著掌握它所帶來的優勢與挑戰，那將為你帶來更大的幫助。

敏感和歸屬感之間的微妙關係

觀察他人內心，其實是一種高度的「腦力勞動」，需要投入大量的精神與精力。「那個人為什麼會這樣說？」、「是不是我做錯了什麼？」……當大腦長時間處於這樣的思考迴圈中，會讓人感到焦慮、疲憊，壓力也隨之增加。正因如此，敏感的人往往容易陷入心理過勞的狀態。

此外，像是「我這樣說對方會不會不高興？」、「萬一意見不同，他會不會因此討厭我？」等擔憂，敏感的人幾乎天天上演，總是小心翼翼，結果往往選擇將想法與情緒悶在心裡。然而，人類天生就是透過表達自我來獲得滿足與幸福的生物。如果總是一味在意他人，卻無法坦率表達自己的情感與觀點，那麼生活的幸福感也將難以實現。

儘管困難重重，仍不斷在意他人、對關係高度敏感，背後往往有兩個核心原因：一是渴望被喜愛，希望自己的存在與付出能被認可；二是害怕被對方拋棄。這兩種心境其實都源自人的本能——我們渴望愛，也渴望歸屬感。

然而，對關係過度敏感的人，常會下意識地將他人放在關係的中心，並讓自己去迎合對方的期待。以這種方式所獲得的歸屬感（Fit In），和當你以真實、原本的樣貌被理解與接納時所感受到的真正歸屬感（Belonging），其實是截然不同的。

那麼，該如何才能擁有真正的歸屬感呢？關鍵在於勇敢呈現真實、不完美的自己。當我們遇到一個能接納自己本來樣貌的人，會由衷感受到安心與喜悅。這種彼此契合的經驗極為珍貴，也往往得之不易。因此，在尋找真正歸屬感的旅途中，難免會感到孤單。

對此，我想說的是，孤單（Loneliness）和孤獨（Solitude）並不相同。我們每個人都是旅人，在尋找真正歸屬感的旅途中，不需害怕孤獨。走在孤獨的道路上，或許更能遇見真正的自己。因此，與其努力迎合身邊的人，不如試著想：「現在的我，獨自一人也是可以的。」

尋找真正歸屬感的過程，其實也是尋找真實自我的過程，你需要花費心力，觀察自己是誰、是什麼樣的人。請仔細觀察自己喜歡什麼、討厭什麼、擅長什麼、不擅長什麼，以及在什麼時候會感到幸福。以這樣的方式走在屬於自己的路上，即使不刻意尋找，你也會遇見與自己相似的人或團體。即便這樣的人不多也沒關係，畢竟，不可能讓身邊的每個人都喜歡你，而你也不需要讓每個人都喜歡你。

對於習慣迎合他人的人來說，突然要開始留意自己的想法與情緒，確實不是件容易的事。那麼，該如何在現實生活中學會將自己擺在第一順位，而不是總以他人為先呢？

沒有人比我更有價值

在生活中，我們經常在不自覺中對自己與他人進行評價；而在與他人互動時，也難免會根據這些評價來決定我們的行為。如果你能親自決定自己的價值，你會為自己定下多少呢？其實，我們每個人都是珍貴而重要的存在，不妨用黃金來形容自己的價值——想像一下，你的價值是黃金一百兩。那麼，對你最親近的家人，如父母、兄弟姊妹、配偶、朋友或同事而言，你會給他們多少價值呢？你是否會不自覺地把他們的價值評得比自己還高？

由於大多數人都有基本的自我保護本能，因此會傾向於給自己較高的評價。然而，那些特別關注他人情緒的人，往往會在無意間或某些情境下，把他人看得比自己重要。在這樣的過程中，他們需要付出大量的情緒勞動，也容易受到壓力影響，進而出現緊張、焦慮或失眠等狀況。當你處在這種情況時，請務必記住一個重要的公式：自己的身價≧他人的身價。

如果我的身價是黃金一百兩，那麼，就不會有任何人的身價比這一百兩還高。無論對方多麼重要，都不可能比我更珍貴、更有價值。當我將對方的身價評得高過自己時，若對方也同樣

自己的身價 ≧ 他人的身價

重視我，那自然無妨；但現實往往並非如此，對方很可能會低估我的價值，甚至隨意對待我。

這並不代表對方是壞人，從人際互動的角度來看，這其實是一種自然現象。因為當一個人連自己都不尊重時，別人也很難尊重他。那麼，該怎麼做才能改善這個問題、提升自我價值呢？首先，你需要練習更自由地表達自己的想法與情緒。愈是習慣壓抑心聲的人，愈容易陷入心理困境，也會更難感受到快樂。

接下來，要牢記一點：平等的人際關係，絕不能偏向某一方。

換句話說，關係中不能出現「甲方」與「乙方」這種地位上的差異。當然，父母對孩子的愛，有時是單方面的，這是因為未成年的孩子仍處於依賴狀態。但在其他關係中，如兄弟姊妹、朋友、伴侶或夫妻之間，則必須是平等且互相尊重的。我們應該建立的是非單向的、彼此對等的關係，這才是真正健康的人際連結。

如果你與某人的互動經常讓你感到不舒服，那麼你需要檢視自己是否無意間賦予對方過高的身價。前面曾提到「黃金一百兩」的比喻，正是為了幫助你用具體的數值來衡量自己與他人在關係中的價值差距，讓彼此的位置更加明確。

你可以問自己：「我們是否都認同彼此的價值是黃金一百兩？」、「我是不是給對方定了一百五十兩的價值，無形中將他看得比自己更重要？」請試著用這樣的方式去代入身價，來檢視你與那個人之間的互動狀態。

當你判斷出彼此之間的關係已經嚴重失衡，就應該以自己的身價為基準，重新調整關係的重心。如果對方並未以平等的態度對待你，甚至表現出不尊重的態度，那麼，你就須明確地表達自己有意調整關係的立場。

當你試著劃清界線、試圖改善關係時，對方可能會感到不滿，甚至導致關係一時之間變得緊張。我見過許多人因為不願破壞和諧而難以劃清界線，但事實上，等時間過去，那些當下的不愉快往往會慢慢淡去。最終，對方很可能會因此更加尊重你，因為他會意識到：你是「一個不容許自己被輕視的人」，也是「一個懂得尊重自己的人」。

假如你已鄭重表達了你的意思，但問題仍然沒有改善，這時你有必要考慮跟那個人保持心理距離。對此，我將在後面章節詳細解釋「線距技巧」（劃清界線＋保持距離技巧）。

對於對他人反應特別敏感的人來說，劃清界線本來就不是一件容易的事。因為他們往往擔心對方會因此不開心，或是自己無法承受關係變得不和諧的後果，所以會傾向逃避。遇到這種情況時，請試著思考以下兩個問題：

「我要選擇讓自己的身價被貶低，並承受不被尊重所帶來的痛苦嗎？」還是「我要選擇承受劃清界線所帶來的不愉快與不適呢？」

哪一種痛苦是你願意面對的？這個選擇權永遠掌握在你自己手中。

或許你會覺得，後者的痛苦來得更直接、更強烈，所以才遲遲無法跨出那一步。但我想邀請你，從現在開始，好好思考一件事——長期把自己困在「不被尊重的處境」裡，所承受的那份痛苦，真的比較輕嗎？如果你真的尊重自己，你會怎麼做呢？你比這世上任何人都來得珍貴，因此，我真心希望你能做出一個最尊重自己的決定。

CORE MIND TRAINING PRACTICE

一般而言，人多半會將自身價值看得比對方重，但偶爾也會有人先顧及他人感受而非自身情緒，甚至認為他人的價值高於自己。這種情況容易導致不公平的局面，或使自己感到不受尊重。因此，在人際關係中，我們必須時常檢視彼此是否相互尊重，以及價值衡量是否朝任何一方過度傾斜，並時時留意。請試著思考以下三個問題，幫助你看見自己在人際關係中的位置：

1. 有沒有哪個人，是你願意給予超過黃金一百兩的身價？為什麼？

2. 有沒有哪個人，給你的評價低於黃金一百兩？你怎麼知道的？

3. 如果你和對方的身價都是黃金一百兩，請你在心中想像這些人，並思考：你該如何與他們說話與互動，才能維持平等且互相尊重的關係？

我的成就不代表我的價值

貨真價實的真品人生

身為一名精神科醫師，我接觸過形形色色的人，也曾經歷一場突如其來的大病。那次經驗讓我深刻體會到：在人生中，「真誠」（Authenticity）是人格特質中最重要的條件之一。

許多人喜愛奢華精品，不久前我看到一些所謂的「山寨版」精品——它們看似相似，卻只是仿冒的贗品。真正的精品在英文中被稱為「Authentic」，而仿冒品（Fake）則只是徒有其表，缺乏真正的價值。唯有貨真價實的真品，才能被稱為精品。

你也努力成為別人嗎？

人，其實也是如此。唯有真誠的人，才稱得上是真品，而非贗品。每個人都有自己獨特的個性，那正是所謂的「性情」。有些特質是與生俱來的，有些則在成長過程中受到環境或他人影響所形成。這些累積的特質，共同構成了一個完整的「我」。

既然來到這個世界，你希望以真實的自己生活，還是以虛假的樣貌度日？如果你有孩子，你會希望他們活出真實的自己，還是活在虛假的形象中？螢光幕前的藝人看起來光鮮亮麗，若你渴望活得像「那位藝人」，而不是成為真正的「你」，那麼你將過著一種不真實的生活。然而，若你選擇以真正的自己來生活，那麼你就是貨真價實的「你」。

當然，你可以設定一個榜樣，然後設法努力學習來效仿那個人，但是沒必要成為那個人。這句話的意思是，請不要在模仿他人的同時，否定自己獨特的性格或特質。努力成為「我」以外的另一個人是沒必要的，而且那是一種讓自己變成山寨品的行為。不是以真正的「我」、真實的「我」來面對生活，而是過著像別人一樣的生活，這是不會幸福的。請想像一下整天戴著面具的生活，那會有多麼累人呢？

我罹患慢性疲勞症候群與自律神經失調，其主要症狀就是「病理性疲勞」。自從生病以來，我便過著精力透支的生活，對於一切會消耗能量的事情變得格外敏感。為了迎合他人的標準，那些「我看起來應該要那樣」、「我應該成為那樣的我」的想法，以及伴隨而來的行為，耗去了我大量的能量。我深陷這些念頭之中，因此總是感到無比疲憊。

我能理解人們想要表現得很厲害、很了不起的心情，也明白努力掩飾自身缺點的用意。但這個世界上沒有人是完美無缺的，真正的「我」同時擁有優點與缺點。每一種性格都像硬幣的正反面，看似優勢的特質，也可能在特定情況下變成劣勢；反之，原本以為是缺點的部分，也可能轉化為優勢。舉例來說，我的記性非常差，但也正因如此，傷心的事不會糾纏我太久，因為我很快就會忘得一乾二淨——劣勢，就這樣成了優勢。

許多人常誤以為，必須包裝或隱藏自身的缺點，才能顯得更有價值，然而這樣做卻可能讓我們失去真實的樣貌。我經常告訴人們「請擁抱你的缺點」，這意味著全然地接受它們。我想表達的是「即便我有這些缺點，也沒關係」，而不是沉溺於「我無法忍受這些缺點」的心態。當我們自己能坦然接納，又有誰能對此多加置喙呢？

當你願意擁抱自己真實的樣貌，包含所有的優點與缺點，你將能活得更加自在，不再輕易受他人眼光的限制。你本來就是一個足夠好的人，請全然擁抱現在的自己，而不是鞭策自己去追求一個「理想中應有的模樣」，因為我們每個人都具有與生俱來的珍貴與價值。

誰是航海人生的掌舵者

我們或許常聽到旁人提醒：「這麼做觀感不好」、「你這樣會被批評」。說實話，對他人品頭論足本就是屢見不鮮的現象。

無論是動作稍慢被質疑「怎麼這麼慢？」、身材或穿著被打量「怎麼胖成這樣？」、「這身打扮是怎麼回事？」……甚至是素昧平生的路人，都可能根據你的外型直接給予穿搭建議，毫不遲疑地送上評價與批評。

你真的願意將寶貴的精力耗費在這些旁人的眼光與評價上嗎？倘若你總是將心力用於揣摩他人想法並試圖迎合，那麼，你將沒有餘力投入那些對你而言真正重要且更有意義的事物。

在我的 YouTube 頻道「與池醫師一起」中，我將訂閱者稱為

「Captains」，也就是「船長」。這個詞彙指的是團隊的領導者或船隻的掌舵人。我想傳達的是，在人生的航行裡，真正的船長是你自己，不該由他人來擔任。過去，我也曾因想做的事遭受他人評價與批評，為此傷心數日。每逢此時，我便會提醒自己：「我才是自己人生的船長」，藉此堅定地走自己的路，絕不容許旁人來我的船上指點方向或強掌船舵。

在養育孩子的歷程中，孩子有時會因為旁人的目光而感到受傷，回家向父母傾訴。例如，孩子可能會說：「媽，我今天這樣穿去學校，同學笑我很俗氣。」此時，請先同理孩子的情緒，可以回應：「這樣啊，聽到同學這麼說，你心裡一定很不好受吧？」接著引導孩子思考：「可是，同學是你的船長嗎？」給孩子一些時間，等待他的答案後，再進一步安慰他：「沒錯，你才是自己的船長呀。所以，穿自己喜歡的衣服就好，不必在意同學怎麼說。」

或許有些父母會誤將自己視為子女「人生之船」的船長吧？但請別忘記，孩子成年後，終究需要獨自駕馭自己的船，成為人生的掌舵者。父母的角色，並非直接指示孩子的船該駛向何方，而是傳授他們判讀地圖、運用羅盤的技能，讓子女能自行探索前路。換言之，父母的核心任務是協助孩子建立面對生活應有的價值觀與態度，至於最終航向何處，決定權始終在孩子手中。

然而，這裡須留意一點：倘若過度強調「真實性」——也就是凡事只忠於自己的想法——便極可能演變成無視他人感受、恣意而為的「放縱」。正如心理學家暨作家亞當·格蘭特（Adam Grant）所言：「沒有同理心的真誠是自私，沒有界線的真誠是放縱。」

請謹記，如同各位是自身人生的領航者，身邊的每一個人，也都是他們自己人生的船長。在肯定自我價值的同時，也必須懂得尊重他人的價值。恰如他人無權登上你的船擅自掌舵，你同樣不能越界去操控他人的航向。

你是否曾經去參加睽違已久的同學會，卻因為覺得自己最沒出息、人生失敗而感到傷心難過呢？我也是這樣。我的同事教授們不僅很快就升遷了，也發表了很多篇論文，我有時難免會覺得只有我一個人落後大家。一旦想到「我所擁有的以及我所得到的成就」等同於我的價值，那種感覺就會更嚴重。

現代人似乎常認為，必須完成某些事才能體現自身意義。關於這一點，知名作家暨自我啟發導師偉恩·戴爾（Wayne

Dyer）提醒我們：「我是一個人（Human Being），不是一個在做事的人（Human Doing）。」我們應當認知到，自己是「存在的人」，而非「做事的人」。每個人都擁有不容置疑的價值，單是存在本身，就應獲得尊重；個人的「成就」，並不等同於其「價值」。

當你領悟到自身絕對的存在價值恆定不變時，便能建立起高度的自尊，不再汲汲營營於追求成就感。這樣的人能展現真實本色，卸下矯飾偽裝，變得更加真誠，生活也更為從容自在。

我期望各位現在也能鼓起勇氣，斬斷那些束縛你的枷鎖，不再被他人的觀點或世俗的標準所限制。願你能活出真實的生命樣貌，做真正的你，而非扮演他人、過著虛假的人生；願你朝著自己心之所向，自由啟航，淋漓盡致地活出自我。

只要改變框架，就會看見截然不同的我

ADHD 具備的兩種驚人特質

近來，關於 ADHD（Attention Deficit Hyperactivity Disorder，注意力不足過動症）的討論日益增多。然而，其中「注意力不足」的說法，嚴格來說不夠精確。相較於整體注意力匱乏，更貼切的描述是「注意力分配不均」。這意指大腦在判斷應關注或忽略哪些事物，並據此調整注意力的能力有所欠缺。換句話說，也可稱為「注意力分配與調節功能異常」。

症狀方面，「過動」（Hyperactivity）是指身體顯現過度活動的傾向，此現象通常在男孩身上比女孩更為明顯，且會隨著年齡增長而趨緩。「衝動」（Impulsivity）則常與過動伴隨出現。臨床上，許多個案是因為過動及衝動引發的種種困擾而前來尋求協助。

ADHD 的診斷通常發生在兒童時期。不過，近年來社會對成人 ADHD 的關注度顯著提升，愈來愈多成年人表示可能患有此症。但必須理解的是，ADHD 屬於發展性障礙，若相關症狀在童年時期未曾出現，便不會在成年後才突然顯現。所謂的成人注意力不足過動症，是指源於童年時期的 ADHD 症狀持續至成年，並對日常生活造成顯著影響。

ADHD 孩子的真實樣貌

在此，想分享一位我相當熟悉的 ADHD 國小女童的故事。

這個孩子雖然學業表現不錯，卻極易感到無聊，也容易陷入天馬行空的胡思亂想。她時常沉浸在自己的世界裡，聽不進旁人的話語，因而錯過許多提醒與訊息。她幾乎天天忘記事項，媽媽交代買個黃豆芽，她會在半路就忘光；忘了帶課本更是家常便飯，次數多到老師索性讓她把課本留在學校。即使作業完成了也常忘記帶出門，丟三落四是常態，甚至有時會想不起書包究竟放到哪裡去了。

上課時，她尚能安坐片刻，但一下課便會立刻爬上窗臺；在家中，門框和各式家具都是她的攀爬架；到了遊樂場，她偏愛爬樹，爬上溜滑梯後更是直接往下跳，從不用溜的。結果就是三天兩頭掛彩，渾身大小傷不斷，瘀青更是隨處可見。此外，她話特別多，是個難以專心傾聽的「話匣子」，不僅常在別人說話時插嘴打斷，還會干擾他人活動，且毫無耐心等待。她也從不整理物品，房間總是凌亂不堪，旁人看了恐怕會以為家中遭竊。

這個吵鬧好動、彷彿一刻也靜不下來的孩子，名叫「池羅英」——沒錯，這就是我童年時的模樣。不過，請你仔細回想一下，你的身邊是否也遇過像這樣的一、兩個孩子呢？

事實上，患有 ADHD 的人數遠超乎一般想像。據瞭解，學齡兒童中約有十分之一符合 ADHD 的診斷標準，而成人中則至少有二十分之一患有此症。若實際進行 ADHD 症狀自評，或許不少人會驚訝地發現自己與描述相符，並心想：「哦，原來我也是這樣。」然而，僅僅出現某些症狀，並不等同於確診 ADHD。必須是當這些症狀發生的頻率與強度顯著高於常態，並且已對日常生活造成嚴重困擾或障礙時，才符合 ADHD 的診斷條件。

隱藏在注意力不足背後的驚人優點

事實上，每種人格特質都如同一枚硬幣，有其正反兩面，並兼具優點與缺點。隨著情境脈絡的轉換，優點可能變成缺點，缺點也可能轉為優點。然而，我們往往慣於聚焦在負面特質上。或許令人難以置信，但若仔細檢視 ADHD 的各項特徵，便會發現其中蘊藏著出人意料的潛在優勢。

帶有 ADHD 傾向者確實容易感到乏味，且難以長時間維持單一思緒。然而，一旦他們投身於真正契合自身興趣的事物時，便能爆發出驚人的專注力。對於不感興趣的內容，他們或許顯得心不在焉、漫不經心；不過，一旦進入感興趣的領域，他們便能進入「高度專注」（Hyperfocus）的狀態，如同魚兒得水般全神貫注。

說來有趣，我家的小狗似乎也有典型的 ADHD 傾向，幾乎沒有一刻能安靜下來。但是，每當牠發現松鼠、兔子或鳥兒時，便會立刻展現獵犬本能，宛如雕像般文風不動地緊盯獵物許久，極度專注且沉浸其中。

所謂的「注意力不足」，有時也體現為思緒奔放、想法多變。

然而，許多創造出嶄新事物的發明家，正是那些腦中充滿點子的人。在上萬個想法中，只要有一、兩個得以實現便屬成功。因此，「想太多」也意味著腦中可能潛藏著若干新奇獨特的構想，而這些構想同時也孕育了成功的可能性。由此可見，思緒活躍未必全然無用。

ADHD 特質的孩子不僅思緒活躍，往往也健談、擅長發表天馬行空的言論。若你身邊有這樣的孩子，與其質疑「你又在胡思亂想些什麼？」，不如給予肯定：「你的想法真有創意，非常獨特，是很棒的點子！太新奇了！」如此，孩子在成長過程中便能感受到「原來我的想法是受欣賞的」，這或許能為他們日後成為偉大的發明家或革新者埋下種子。

如此說來，因注意力特質而不擅整理，難道也可能帶來益處？試想我們日常所處的環境，是否凡事皆能整齊劃一、盡如人意？是否總能隨手取得所需之物？又或者，現實常不從人願，迫使我們得在混亂且準備不足的情境下解決問題？畢竟，人非獨自存活於世，後者的狀況或許才是常態。

對於那些身處雜亂環境也安之若素的人來說，其優點正是強韌的環境適應力。無論被置於何種艱困境地，他們似乎總能展現生存韌性，且不易感到疲憊，周遭的混亂無序對他們而言不成問題。以我個人經驗為例，攀登聖母峰基地營時，曾數日無法沐浴，得睡在倉庫般的空間，甚至要使用極其簡陋、汙穢不堪的廁所，但我都安然度過了。因此，我希望你別再為孩子房間凌亂而嚴厲苛責，也別再因自身不擅整理而過度苛求自己。

當然，學習一些輕鬆便捷的整理技巧，肯定大有幫助。但反過來說，若一味要求某人時時保持房間絕對整潔，這將耗費巨大的心力。作為社會群體的一份子，我們理應避免妨礙他人，因此像客廳、浴廁、辦公室等公共區域，維持整潔確有必要。然而，若強制要求他人必須時時將其私人空間打理得一塵不染，不僅維持不易，更可能衍生沉重壓力，甚至引發人際衝突。

至於極度健忘、頻繁遺失物品，這看起來似乎百害而無一利，對吧？但出人意料的是，這其中竟也藏有優點。隨著成長，那些經常丟三落四、行事常顯慌亂的孩子，反而會自然而然地學會如何在缺乏某樣物品的情況下設法解決問題。這或許就是所謂的「問題解決能力」與「隨機應變的才能」吧？沒有課本？可以和同學共看；忘了帶筆無法做筆記？那就更專注聽講；沒帶室內拖鞋？只穿襪子也無妨。孩子們從經驗中體認到，這些狀況其實並非無法應付，反而藉此磨練出在突發情境下靈活變通、發揮巧思化解難題的本事。

因此，待這些孩子長大成人後，即使在執行任務時遭遇突發狀況，他們通常也不易驚慌失措，反而會內化出一種強韌的心態，深信「無論如何，總有辦法」、「無論發生何事，我都能設法解決」。我個人的許多經歷也印證了這一點，使我在面對變故時，總能秉持著「天無絕人之路」的信念，沉著應對。

過動和衝動背後的優點

那麼，「過動」本身是否有可取之處呢？患有 ADHD 的人不僅活動量大，往往也精力旺盛、熱情澎湃。一旦他們找到真正適合自己的舞臺，便能如魚得水般，淋漓盡致地發揮驚人潛能。事實上，潛力人人皆有，但多數人終其一生未能全然展現。然而對 ADHD 傾向者而言，只要找對了那片能讓自己悠游的「水域」，其內在的熱情與能量便足以驅動他們不斷前進，將潛力發揮到極致。

接下來談談「衝動」。一般認為，衝動是社會互動中最易引發問題的特質。例如：還沒輪到自己就迫不及待地干擾他人；或者因無法立刻滿足自身欲求而無理取鬧。針對這類情況，可以嘗試設定計時器，逐步拉長等待耐受時間，並輔以呼吸練習、數數等行為技巧來學習調節衝動。

然而，看似毫無益處的衝動，實則也有其正面價值。一般人在嘗試新鮮或陌生事物時，常因顧慮風險或害怕失敗而猶豫再三。相較之下，衝動的人極少遲疑不決——事實上，「毫不猶豫」有時反而是他們的問題所在。

如前所述，隨著大腦逐漸成熟，過動與衝動的特質通常會有所緩和，成年後也能達到一定程度的自我控制。即便如此，保有這類特質的人在面對新挑戰時，往往比他人更顯果斷、更勇於投入，也較少猶豫。

現在，讓我們歸納一下：一個帶有 ADHD 特質的人，若能健康成長，成年後可能展現何種樣貌？首先，他們往往有很多點子，一旦有好想法便會率先行動，不會像多數人那樣猶豫觀望。他們精力充沛，只要投身於自己熱愛且感興趣的領域，便會傾注無比的動力與熱忱。

這樣的特質，是否讓你聯想到創投家呢？他們往往能安然處於混亂，因此無論情勢多麼複雜都能適應；即便條件不完備，也能運用創意解決問題。基於這些特質，他們有潛力成為研發出劃時代產品或技術的創新者（Innovator）、推動變革的改革者，或憑藉過人體力，成為傑出的運動員或深入險境的探險家。

綜合來看，所謂的過動傾向，似乎也並非全然是壞事，對嗎？當然，這樣的說法或許有些過於樂觀了。但值得思考的是：在我們的社會中，許多具備這些潛質的人最終未能發光發熱，難道真是因為他們本身潛力不足嗎？抑或是因為，他們在成長過程中，持續不斷地接收到來自外界的負面評價與打擊呢？

發現隱藏的潛力的機會

事實上，ADHD 僅是一個診斷標籤，每個人的具體症狀與嚴重程度則有天壤之別。因此，我們需要細膩地觀察個體特質，既要設法改善其弱點，更要發掘並鼓勵隱藏在背後的優點。然而，許多人往往不知如何辨識自身或孩子的長處。要做到這一點，首要之務便是打破過往用以定義自己和孩子的既有框架（Frame），嘗試以更積極正面的視角來重新審視。

如同先前所提，沒有任何一種特質是絕對的好或絕對的壞。我們可以練習轉換心態，例如告訴自己：「原來我具備這項優點，何不找出能讓它發揮光芒的方式？」或者：「在這種情境下，我總能特別專注，那我們就多創造類似的機會吧！」當我們如此轉念，原本的壓抑、急躁感便會有所舒緩，同時也會逐漸留意到以往忽略的長處。只要我們進一步去強化、去鼓勵這些優點，潛藏的能量與才華便能被更好地激發出來。

在韓國，我時常見到父母在孩子確診 ADHD 後深陷絕望，憂心忡忡地想著：「這孩子的人生是不是就此毀了？」然而，誠如前文所探討的，若能轉換視角，許多 ADHD 的症狀也能在生活中轉化為優勢。這正是我無論在何處，都選擇坦承自己診斷結果的原因——我想藉此傳達：即使被診斷為 ADHD，依然能夠活出潛能、擁抱精彩的人生。

試想，若我每次犯錯時都苛責自己：「你這笨蛋，怎麼連這點小事都做不好？」我還能有今日的成就嗎？每當挫敗時，我總是轉而尋找自身的優點，努力挖掘潛能，告訴自己：「雖然這方面我比較弱，但我對他人富有同理心」、「我能好好地為病人診治」。這種轉變看待情境框架的做法，稱為「重設框架」（Reframe）。透過它，我們可以將看待自我的視角，引導至更為積極正向的軌道。

我之所以能做到這點，很大程度歸功於成長過程中，父母從未因擔憂而對我說出「你這樣以後怎麼辦」之類的話語。由於我記性極差，上學時若忘了帶鞋袋或便當袋而折返家中，他們非但不會責罵，反而會笑著打趣：「沒錯，我們家羅英嘛，一天來回個兩三趟才正常！」

順帶一提，我父親似乎也有相似的特質，他經常弄丟車鑰匙、雨傘、圍巾或外套之類的物品。或許正因如此，父母才沒有過度責備我吧？儘管我上學總是匆匆忙忙、丟三落四，但我內心卻感到很快樂，總是覺得：「我是很棒的人，我被深深愛著，這樣活著就很好。」倘若當年父母給我的總是負面回饋，像是：「都上國中了，怎麼連這點事都做不好？又不是第一次了，真拿你沒辦法！你這樣以後要怎麼生活？」那麼，我又會變成什麼模樣呢？

據聞，知名的游泳健將麥可·菲爾普斯（Michael Phelps）、體操選手西蒙·拜爾斯（Simone Biles），以及韓國歌手朴春（Park Bom）等，都曾被診斷患有ADHD。然而，他們都找到了自己熱愛且擅長的領域，憑藉著豐沛的精力與熱情，以及高度集中的專注力，最終取得了非凡的成就。

此外，現今世界已瞬息萬變。在各位及我們下一代所處的未來，那些具備 ADHD 特質的人們，必然會有更多機會，能施展創意巧思、適應力、問題解決能力、旺盛的精力、滿腔熱忱、勇於挑戰的精神，以及過人的勇氣等諸多優勢。

經過以上探討，我們瞭解了 ADHD 特質可能伴隨的優缺點。但更重要的是，請記得：任何人格特質都猶如一體兩面。因此，在漫漫人生路上，與其耗費心力將弱項提升至平均水平，不如專注琢磨、強化你真正擅長的領域。當然，對於那些可能造成阻礙的缺點，也須適度加以改善，使其不致妨礙前行。

無論你具備何種特質，我都期望你能從此刻起，轉換看待自身的框架與視角，賦予其更積極正面的意義。請告訴自己：「我確實擁有許多可貴的優點。」同時，積極去尋找那些能讓你的特質轉化為優勢的環境。如此一來，那些未曾被發掘的潛能，或許就會如璀璨的彗星般，在意想不到的時刻閃耀登場！

Part 3

我決定別人
該如何對待我

免於受無禮之人傷害的安全裝置

劃清界線＋保持距離＝線距技巧

我最近將座駕換成了自駕車，之所以做此決定，主要是因為我只要親自開車便容易疲憊不堪。體驗過自駕車後，發現它確實比自己駕駛輕鬆許多，效率似乎也相當不錯。這不禁讓我腦中閃過一個想法：「倘若人際關係中也存在自動駕駛模式，那該有多方便？」那會是一種懂得與人保持適切距離、不隨意侵擾他人路徑，且能自動迴避潛在摩擦的人際關係安全機制。

我們活在這世上無法離群索居，必然需要與他人互動共存，而這需要相當的耐心、理解與持續不懈的努力。世間沒有哪一種關係是能輕鬆維繫的；即便是你深愛至極的伴侶、捧在手心呵護的子女，或是與你基因相近的兄弟姊妹，都難免會有讓你感覺彼此彷彿來自不同星球、難以溝通，甚至視同「仇人」的時刻。

俗話說「禮尚往來」，若待人以禮，對方亦能以禮相待，這固然是理想的狀態，然而人際互動的現實卻往往不是如此單純。在生活中，我們有時會碰上言行舉止始終不尊重你的人、持續釋出善意卻被對方視為理所當然的人，以及利用自身權力或地位仗勢欺壓他人的人。

與這些人互動時，往往會令人感到心煩意亂，自尊心也容易因此受挫。當你遭受不平等的對待，卻又必須隱忍而無法表達異議時，內心的委屈和壓力便會積累到極點，有時甚至可能因此引發憂鬱等身心疾病。

為了健康的關係，請適當劃清界線和保持距離

我們所經驗的傷害與壓力，多半源自於和他人之間的關係，否則怎會有「他人即地獄」一說呢？事實上，從精神科的臨床觀察可以發現，人際關係所引發的痛苦及壓力，其強度往往遠超過其他因素造成的壓力。換句話說，相較於年節期間處理繁雜事務所帶來的勞累，來自婆家成員的批評或指責所形成的壓力，反而更加巨大、更讓人苦不堪言。甚至有許多人因為在關

係中單方面的犧牲與付出、過度的情感耗損，以及未能癒合的痛苦創傷持續惡化，導致身心飽受折磨。

來看看惠瑛的例子，她既是長女，也是長媳，懷有強烈的責任感，總是竭盡所能想照料好婆家與娘家的每一份子。然而，現在的她坦承這樣的生活實在太疲憊，不願再繼續扮演好女兒、好媳婦的角色，而使她倍感為難的，正是她的婆婆。惠瑛不僅是個職業婦女，還得一肩扛起年節與祭祀的繁瑣事務，更要打理婆家的各種大小事，卻換來尖銳傷人的話語：「就算再忙，你做為一個母親，怎麼給孩子吃這種東西？」、「你賺的也不過就那點錢不是嗎？」、「你到底從你爸媽那裡學到了什麼？」……她時常聽到這些苛責，每當聽聞的瞬間，愧疚感便會襲來，同時內心也感受到深刻的傷害。

此外，她的親弟弟曾開口向她借一筆鉅款，她因自身經濟狀況吃緊而婉拒，未料此舉卻導致姊弟關係降至冰點。即便婚後，她仍持續每月給予娘家經濟上的支持，但娘家人卻似乎將這份付出視為理所當然，令她心寒不已。

極具諷刺的是，帶給我們最大傷害與痛苦的，往往不是萍水相逢的陌生人，反而是我們深愛且重視（或者感覺必須重視）

的親近之人。一旦與父母、手足、子女、配偶、伴侶、姻親等這些緊密連結的關係出現裂痕，問題往往變得複雜難解，並且會在心裡留下深刻的傷痕。

當關係的束縛使我們的內心彷彿墜入地獄般痛苦時，難道真的無法掙脫嗎？我們該如何行動，才能在妥善保護自己的前提下，同時維繫健康的互動模式呢？這時，你便需要運用「線距技巧」。這裡所稱的「線距」，是結合了「劃清界線」與「保持距離」概念的技巧。

若某人持續以不尊重的言行相待，使你因此感到不快或困擾，那麼首要之務便是明確地向對方劃清「界線」。倘若對方無視你的界線，依然故我、屢次踰越，你就需要與其保持適當的「距離」。這可視為關係中的一種安全機制，如同駕駛時須行駛於自身車道並維持安全車距；僅僅做到這一點，就能有效預防因關係失衡而導致的嚴重衝突。

當有人對你說出冒犯的話語時，你的內心通常會立即亮起警示燈：「注意，這個人已經越線了。」不過，有些越界的言詞，其出發點可能是出於關懷：「你如果再瘦一點會更漂亮。」、「你得趕快結婚，否則就沒人要了。」我們時常聽到父母這類夾雜著關愛的嘮叨，便屬於此範疇。對於這類話語反應過度，往往只是徒勞地耗損自己寶貴的精力，因此，若能嘗試從正面的角度詮釋，或輕鬆看待、一笑置之，也未嘗不可。

然而，假如對方言行中顯露出確實的不尊重、貶低或無禮，那情況就截然不同了。在一段持續要求你單方面犧牲與付出的關係裡，「線距技巧」便是你迫切需要採用的策略。

我，就是那個告訴對方該如何對待我的人

英文中有句諺語：「你教會別人如何對待你。」（You teach people how to treat you.）這句話的涵義是，你必須如同提供一份說明書般，「具體地」告知並引導他人該用何種方式與你互動。初次接觸這個觀點時，我深受啟發，有如醍醐灌頂。以往若有人持續不尊重我，我多半會認定那個人本身有問題。然而，那時我才第一次體悟到，問題根源也可能在於我未曾確實地讓對方瞭解該如何正確對待我。

雖然現在情況已大有不同，但在新婚初期，我與先生之間爭執頻繁。每當口角發生，平時相當沉默寡言的先生，偶爾會情緒失控、勃然大怒，進而對我大聲斥責。考量到他平日的性格，

這種轉變對我造成了極大的衝擊。每次我試圖請他不要提高音量，他總會反駁：「哪有人吵架時還能輕聲細語的？」似乎絲毫不覺得需要改變這種大聲說話的習慣。那時我才意識到，或許正因為我過去一直「容許」他如此拉高嗓門，他才會一再重複這樣的行為。

後來，我找到一個恰當的時機，鄭重地向先生表明：「我是一個非常看重自我尊重的人，因此，我無法再接受任何人對我大呼小叫。如果你又開始對我提高音量，我會選擇轉身離開現場。所以，即使你正在氣頭上，也請務必控制好自己的音量。」我堅定地向先生劃定了這條界線，並具體地教導他應該如何對待我。或許是因為我這次的「界線劃定」與「預告」十分明確且有力，從那之後，先生便很少再對我大聲說話了。

如同先前談及的惠瑛案例，若關係中總是只有單方面持續不斷地付出與努力，這實際上等於是在傳遞一種訊息：「我的付出與資源如同免費服務，可以無限取用。」長此以往，家人自然會逐漸將惠瑛的奉獻視為理所當然，甚至可能因為她未能付出更多而心生微詞或不滿。

因此，惠瑛有必要從現在開始明確劃定界線，讓家人瞭解她的犧牲並非理應無止境提供的免費服務。當然，要將「線距技巧」應用在親近的家人身上，確實相當困難。然而，即便對方是家人，她也沒有義務必須犧牲自我，無止境地滿足他人的需求、成全他人的幸福。更何況，長期處於這種失衡的關係模式中，對另一方來說，最終也是一種無形的傷害——因為習慣性做出不尊重他人的行為，對行為者本身的心態亦是有害無益的。

即使劃清界線的舉動可能在初期引發衝突加劇，但從長遠來看，重新建立起一個基於相互尊重與理解的關係模式，對關係中的每個人都是有益的。所以，請務必從尊重自己開始，並且學會不讓自己長時間陷於不受尊重的處境之中。

與其指出對方的無禮，不如說出自己的感受

那麼，具體應該如何表達立場呢？劃清界線確實需要掌握一定的技巧。首要原則是，無論內心多麼不悅，若採取生氣、提高音量等情緒化的反應方式，通常難以有效解決問題。因此，較佳的策略是避免在爭執的當下表態，而是在事後，待雙方情緒都較為平靜時，在緩和的氛圍中冷靜地與對方溝通。

在溝通時，建議著重於表達自身的需求與感受，例如清楚陳

述自己的難受之處。透過具體說明你因此感到疲憊與痛苦，並表達不希望此類情況重演的立場，以此方式來確立彼此的界線。

人們在感覺受到指責或攻擊時，往往會本能地產生否認或自我辯護的心理防衛機制，因此，若將溝通重點放在追究是非對錯上，通常效果不彰。尤其在爭吵過程中質問：「你怎麼能這樣對我說話？」在對方聽來極易被解讀為批評或責備，從而引發諸如「我哪裡說得過分了？」或「我之所以那樣說，還不都是因為你⋯⋯」之類的辯解。故而，更明智的做法是，等到雙方都冷靜下來之後，再平靜地陳述：「當你那樣對我說話時，我感覺受到了傷害。我希望未來我們在溝通時，能夠更加互相尊重。」試著透過坦誠表達自身的感受，並提出對未來互動方式的期望，以此來劃定界線。像是採用以下的方式：

範例一

「媽，你之前說『你爸媽都是那樣教你的嗎？』這句話，真的讓我很受傷，心裡非常難過。下次如果我有做得不夠好的地方，希望你可以直接告訴我錯在哪裡，指點我如何改進，而不是用那樣傷人的話來表達。」

範例二

「媽媽，我明白你說那些話是為我好、關心我，但是聽到你說『你就是這樣，才會還是那個老樣子』的時候，我確實感到很受傷。在尋找工作的這條路上，我更需要的是你的支持與鼓勵，讓我有信心和力量自己去面對挑戰、尋求突破。」

在聽到這樣包含個人感受與期望的回饋後，多數人通常會對自己的行為有所反省，並在日後的互動中更加審慎留意，即使他們未必會當下立刻致歉，行為模式也不一定會產生巨大的轉變，但無論如何，他們對待你的態度很可能會比從前更加謹慎。萬一對方的反應不如預期，也無須感到過度失望，光是採取了「劃清界線」這個行動本身，往往就能讓你的內心感到輕鬆不少；同時，你也會因自己為了尋求改變所付出的積極努力而感到欣慰與肯定。

倘若你已明確表達立場與界線，但類似的不尊重情況依然一再發生，你可以考慮再次嘗試劃定界線一到兩次。然而，如果對方還是持續固有的不尊重言行，絲毫沒有改變的跡象，那麼此時你就必須進入下一階段——「保持距離」，例如暫時中止聯繫或避免見面。如果在保持距離後，對方仍然沒有任何反思或改善的行動，那麼或許就該審慎考慮祭出最後的手段，也就是「斷絕關係」。請務必記得，你最應該優先尊重與保護的人，永遠是「自己」。即使最終選擇放棄這段關係，你依然保有讓自己遠離不被尊重處境的權利。

當然，「線距技巧」並非解決所有人際困境的萬靈丹，但它確實是在錯綜複雜的關係網絡中，保護個人尊嚴、讓我們能維持積極生活姿態的最基本安全防線。因此，在任何關係裡，始終保有並堅守自己的標準與原則，是至關重要的。

CORE MIND TRAINING PRACTICE

要確實踐行「線距技巧」，首要之務便是尊重自己，並在此基礎上合宜地劃定界線，這一點至關重要。同時，你也需要學習保持冷靜沉著的態度，並且清晰明確地傳達個人的標準與界線所在。

1. 自我檢視：你是否正讓自己處於一個持續不受尊重的境況中？如果是，請務必設法避免讓自己繼續身陷其中。

---

2. 釐清界線：在與他人的關係互動中，請具體列出你希望對方能尊重並遵守的事項，同時思考你打算在哪些方面劃定明確的界線。

---

3. 預作準備：請預先思考當你劃定界線時，可能會引發哪些狀況或反應。倘若你對於可能產生的後果感到擔憂或不安，可參考「燙手山芋技巧」來加以應對。

因為我不允許，所以你不能欺負我

機智職場生活的線距技巧

從幾年前開始，「Gapjil」*和「Taeum」**等職場霸凌現象成了韓國的爭議性話題，導致韓國在二〇一九年實施「職場霸凌禁止法」。遺憾的是，韓國的Gapjil文化惡名昭彰，連外國媒體也曾多次使用英文「Gapjil」進行報導。

繁重的工作業務本身已足以讓人壓力沉重，倘若再加上人際關係帶來的煎熬，職場生活便會格外艱難。如果你因為共事的「人」而深感痛苦，那麼即便工作本身能賦予你高度的成就感，

＊갑질，意指處於權力、地位、財富等優勢（甲方）的人，對相對弱勢（乙方）的人所表現出的傲慢、專橫、跋扈、頤指氣使的態度或行為。

＊＊태움，指在醫院等醫療機關上班的護理師之間因職級而出現前輩壓榨後輩的陋習。태우다指「燃燒」，這裡用태움表示護理師後輩的靈魂被燃燒殆盡，有職場霸凌之意。

恐怕也很難從中體會到真正的快樂或自我價值。常言道，職場生涯中的所有喜怒哀樂，歸根究柢都與人脫不了關係，這句話確實有其道理。

「如果我中了威力彩頭獎，明天第一件事就是把辭職信甩在那傢伙臉上！」你是否也曾浮現過類似的激烈念頭？面對言語刻薄或百般刁難的上司、對你視而不見或暗地排擠的同事及下屬……許多人正是因為承受著這類職場衝突與摩擦所導致的巨大壓力，甚至出現憂鬱、焦慮等身心症狀，而不得不尋求專業諮商的協助。先前我已介紹過可以應用於家人或親密伴侶關係中的「線距技巧」，接下來，我們將探討如何將這套技巧運用在職場環境中——這或許會帶來更高層次的挑戰哦！

我不允許他人濫用權勢欺負我

坦白說，我在韓國擔任實習醫師的期間，也曾經歷過來自上級的欺壓。當時，雖然是醫院裡資歷最淺的實習生，但我並非那種會全然順從、聽命行事的人；相反地，只要有意見，我就會直接表達。不僅如此，每當聽到當時相當常見的性別歧視言論時，我更是會立刻感到憤怒並起而反駁。正因為如此，我成了幾位住院醫師前輩的眼中釘，甚至曾收過「像你這種人，將來肯定很難在社會上生存」的負面評價。當然，或許出乎他們的意料，我至今在這個社會上仍然適應得相當不錯。

平心而論，我也深知自己當時並不算是一名表現出色的實習醫師。這主要是因為我長期受嗜睡問題所困擾，在睡眠品質低落的狀態下要應付高強度的工作，實在是身心俱疲、苦不堪言。由於嚴重的睡眠不足，我曾數次在手術室裡不自覺地打瞌睡，甚至連握在手中的手術器械都因此掉落。「怎麼會有你這樣的實習醫生？到底是誰教出來的？」我也確實聽過此類嚴厲的斥責，隨後便被趕出手術室，當時內心充滿委屈，只能暗自垂淚。

當然，在攸關性命的危急醫療現場，任何失誤都是絕對不被允許的。然而，一再承受近似人身攻擊的嚴厲批評，確實讓我對自己的處境深感難過與悲傷，甚至一度懷疑自己或許根本不具備擔任實習醫師的才能與資格。

儘管如此，我依然懷抱著「只要實習期滿、正式成為精神科住院醫師後，情況就會改善」的一線希望，咬緊牙關撐過了那段艱難的時光。試想，倘若當時我因為前輩或上級的負面評價而打了退堂鼓，就此放棄了實習這條道路，那麼現在的我會是何種模樣？恐怕，就不會有今日站在這裡的我了吧！因此，如果你此刻在職場上也正為人際關係的問題所困擾，我衷心希望你能從我的經歷中汲取些許勇氣，並提醒自己：「即使是池羅英醫師，也曾走過這樣一段艱辛的時期啊！」

為了能更智慧、從容地應對職場生活，建議你重新溫習前面提過的「身價技巧」與「燙手山芋技巧」。同時，我也希望你藉此機會反思一下：自己是否在無意中，將他人的評價看得比自身的價值更為重要？請牢記，無論你的上司或同事如何評論你，你自身的內在價值都如同千金一般，絕不能任由他人貶低。倘若連你自己都下意識地輕視自身價值，那麼這份心態便會不自覺地顯露在你的態度與舉止上，最終也會被他人所感知。因此，請務必在心中堅定地告訴自己：「我的價值，不會因為你的三言兩語而被隨意定義」，並且肯定地說：「我本身就是有價值的。」（I'm Worthy.）

接著，請試著抬頭挺胸，展現出自信的儀態，想像著將脊椎向上延展，讓自己看起來更高、更挺拔。這些肢體語言無形中就在傳達一種訊息：「無論他人如何評價，我的內在價值都如同百兩黃金般不容置疑。」

說實話，要在職場環境中成功劃定界線，並非易事。你可能會擔心即使表達了也無法帶來任何改變，或者深怕因此招致不利的後果、引來報復，因而寧願選擇噤聲不語。這些揮之不去的擔憂與恐懼，正是先前我們討論過的「你試圖逃避的燙手山芋」。每當焦慮或擔憂的情緒湧現時，與其選擇迴避，不如深吸一口氣，並在心中堅定地告訴自己：「這個狀況，我能夠應對！」（I can handle it.）這將有助於你凝聚起面對挑戰的勇氣。

是否一想到某些人或某些狀況，你就不由自主地感到緊繃、發抖，甚至難以言語？那些令你倍感為難的處境，是否並非偶爾發生，而是反覆上演，已經持續了數個月、甚至數年之久？倘若答案是肯定的，那麼現在，正是你必須鼓足勇氣，下定決心要扭轉這個局面的關鍵時刻。是時候該清楚地讓對方知道，他們應該如何尊重地對待你了。現在，請先做好心理準備，讓我為各位詳細介紹在職場環境中運用「線距技巧」的具體方法。

如何聰明地向無禮的老闆劃清界線

職場霸凌程度有別，應對方式也應不同。若有老闆習慣性地對所有人都無禮，這多半反映其人品問題。與其試圖改變他，不如適度忽略，心裡認定「對方大概就是這種水準」即可。

另外，有些言行雖不是嚴重暴力，但也讓人不適，例如長輩或老闆總提當年勇、開帶偏見的玩笑，或發表貶低言論。這種輕微、有時甚至無心的言語或行為冒犯，稱為「微歧視」（Micro-Aggression）。遇到時，最好適時提醒對方。在韓國社會，評論他人能力、外貌或探人隱私的情況較為常見，當有人發表這類言論時，你需要機敏地與其劃清界線。

我們先從應對輕微的無禮言論開始。例如聽到：「你長得不怎麼樣，如果又沒錢，大概要單身一輩子了。」這類話時，可以嘗試用輕鬆、近乎玩笑的口吻回應：「哦？你這算歧視嗎？」或「你這樣說，我有點受傷。」比起板起臉孔，有時面帶微笑（但態度可以堅定）告知對方：「你說得有點過頭了，這踩到我的底線了哦！」

現在，我們將應對的層級再提高一些。如果你面對的是更具攻擊性、羞辱性或侮辱性的言論，例如：「都幾歲了，連這個也不會？」、「你這是什麼穿著打扮？」、「你長腦袋是幹嘛用的？」——遇到這種情況，你會怎麼做？這時，你必須讓對方清楚知道，這些話已經傷害到你，讓你感到非常不舒服，而且你必須避免這種情況再次發生。如果你一時想不出該如何回應，可從以下三個句子中選擇一句來表達。為了能在需要時自然地說出口，建議平時可以對著鏡子練習幾次。

「你這樣說讓我感覺很不好。」

「你說的話讓人聽了不太舒服。」

「這些話傷害了我。」

在多數情況下，用這種方式表達不適感受或進行溫和的提醒，對方通常會有所收斂，下次說話時也會更加注意分寸。相對地，如果你使用像是「你這樣用詞是否不太恰當？」或「即便我是下屬，你也不該說這種話吧？」這類帶有質疑意味的語句，對方可能會覺得受到指責或攻擊，進而引發反駁或惱怒，例如回嗆：「你是在教訓我嗎？」或「你就是這種態度才會……」等。

然而，當你清楚表達了自己因對方的言行而感到受傷或「心累」時，對方往往就比較難再做出更具攻擊性的回應。即便他可能會試圖用「我只是開玩笑，你幹嘛這麼認真？」來緩和氣氛，但下次言行通常會更加小心。萬一在當下因為對方的無禮而一時驚慌失措，或因啞口無言而錯過了回應的時機，也請不要過於苛責自己，事後多加練習，下次再把握機會即可。

如何對付特別愛刁難我的人

該如何面對那些似乎特別針對你、想刁難或找麻煩的人呢？有些人因此抱怨每到週日晚上就睡不著，或者週一早晨就心跳加速。如果職場霸凌一再發生，甚至已威脅到心理健康，你就不能放任不管。要鼓起勇氣劃清界線、明確說「不」，這才是保護自己與關係的方法。

如果某個人對待他人尚可，卻只針對你刁難，你們之間或許存有誤會或偏見，因此最好找個時間聊聊，試著解開誤會。你可以先釋出善意，比如拿著飲料走向對方問：「現在有空嗎？」若不知如何開口，可先從認同對方或聊些雙方都有共鳴的話題開始。接著，可示意想與對方好好相處，最後再劃清界線，讓對方知道該如何對待你。我們來看一個實際例子。

「前輩，謝謝你一直以來的指導，我很想向你學習更多。但礙於我動作可能比較慢，需要多一點時間。不過，你有時說的話會讓我心裡很難受。例如上次我說會認真做，你卻說：『你怎麼什麼事都做不好，乾脆坐著就好，別晃來晃去。』聽完那句話，我難過了好多天。希望下次與其說那樣的話，不如直接告訴我哪裡做錯了，我一定會認真學習改進的。」

「經理，我知道我做錯事讓你生氣了，對此我非常抱歉。我之後會更仔細檢查，避免再出同樣的錯。但是，聽到你說：『你腦袋到底裝了什麼，果然是從那種三流學校畢業的』這種話，我心裡真的很難受。與其說這樣的話，希望你能直接指導我該如何改進，我一定會努力學習。」

「組長，謝謝你總是關心並細心指導我，託你的福，我確實學到很多。不過，當你提到像是：『你爸媽都沒教嗎？到底在哪學的？』這類涉及家庭、與工作無關的話題時，我聽了感覺不太舒服。如果工作上有任何需要改進之處，還請你隨時指教，我一定會盡力學習並改進。」

重複對方說過的話給他聽，有時也有幫助。不過，對方也可能試圖忽略、不當回事，或大發雷霆反問：「你要是好好表現，我會說這種話嗎？」然而，你不必太在意這些反應。對方之所以如此反應，或許是因為被意想不到的「線距技巧」弄得措手不及，一時不知如何回應。

先劃清界線，要求對方不能再隨意待你、必須尊重你，這點十分重要。相信對方往後會更謹慎，不再像從前那樣對待你。

如果你仍然覺得在職場上很難劃清界線，也可以尋找能理解狀況的前輩或主管，聊聊你的煩惱。此外，若因被霸凌、濫用權勢欺壓或排擠等因素，導致失眠或出現焦慮、憂鬱等症狀，建議尋求諮商師的專業協助。近來線上諮詢也很普遍，在家就能輕鬆地接受諮詢。

若你已鼓起勇氣劃清界線，卻仍持續被刁難，這時就要考慮保持距離。情況嚴重時，應考慮向相關部門報告或申訴，甚至考慮轉調部門、換工作或離開公司。當然，這麼做可能會帶來損失。然而，若因害怕而不做任何反應，就等於默許了此事，同時也傳遞出「你可以這樣對待我」的訊息。

請別忘了：我，就是告訴對方該如何對待我的人。你可以選擇繼續忍受不被尊重、遭人踐踏，或選擇就算吃虧也要找回尊嚴。我希望各位能拿出更多勇氣，做出一個尊重自己的決定。

我是我的宇宙中最耀眼的一顆星

提升自尊感的剝核桃技巧

不知道從何時開始，「自尊感」成為一大話題。許多不同年齡層的人抱怨自尊感低造成困擾，但若問他們「什麼是自尊感」，許多人對其定義卻相當模糊。有些人將它與相信自身能力的「自信心」混淆，也有些人問它是否與「自尊心」相似。

自尊感的英文是 Self-Esteem 或 Self-Respect，如同字面意思，自尊感指的就是尊重自己，這與他人無關，完全源於自身。無論他人如何評價，都相信自己是「有價值的人」、「理應受尊重的人」——這就是自尊感。

小時候的高自尊感跑到哪裡去了？

若用 1 到 10 的數字表示自尊感程度，各位的自尊感指數會是多少呢？以下是出自「羅森伯格自尊量表」（Rosenberg Self-Esteem Scale）的項目，可用來檢測自尊感。請檢視自己對各項描述的同意程度；題目包含肯定與否定陳述，作答時請留意。

1. 基本上，對於「我」這個人感到滿意。
2. 偶爾會覺得我是毫無價值的人。
3. 我具備不少優秀特質。
4. 別人做得到的事，我也做得到。
5. 我沒有值得自豪的事。
6. 偶爾會覺得我是沒用的人。
7. 認為我是有價值的人。
8. 我希望贏得更多尊重。
9. 整體來說，我覺得自己是個失敗者。
10. 我對自己抱持正面態度。*

* Rosenberg, M. (1979). Conceiving the Self. New York: Basic Books.

如前所述，人類生來就有自愛的本能。然而在成長過程中，若收到負面回饋，自尊感便會逐漸變低。請各位想一想，有哪些因素正降低你的自尊感？答案可能五花八門，包含身高、長相、成績、學歷、家庭背景、年薪等等。與其說這些條件本身降低了自尊感，不如說是社會圍繞這些條件所傳遞的訊息，才是拉低自尊感的元兇。

當我們接收到「我不符合社會普遍的單一標準」這類訊息時，自尊感便會受挫。舉例來說，在韓國，我的身高偏矮，從小就很羨慕個子高的人。但在美國，人們較少評論女性身高（男性亦然），所以我現在已不太擔心身高，也幾乎不意識到自己個子小這件事。

如同我在「奧林匹克技巧」中提到的，人與人之間的「不同」才是預設值。我們每個人都像獨一無二的星星：大小、亮度或有不同，但都同樣閃耀珍貴。也可以比喻成花朵：每朵花花期不同，有的大而豔麗，有的小而樸素。人也如同星辰與花朵，各有不同特質、優點、缺點，喜好和擅長之事也各不相同。

然而在亞洲，似乎有種觀念，認為指出他人的差異和缺點算是一種關心和表達愛意的方式。我個人只要一回到韓國，從髮型、服裝、身材、方言乃至說話語氣，總會免不了受到一連串的「指教」。

當自身缺點常受到他人批評，且一再接收負面而非正面回饋後，我似乎也學會了用同樣方式對待自己和身邊的人，輕易說出「你那是怎樣？」之類的「建議」與「回饋」。就像春天的迎春花對著秋天的大波斯菊說：「你為什麼那麼晚才開？」或是像鬱金香對玫瑰說：「你為什麼身上帶刺？」一樣。結果，大波斯菊因花期晚而傷心，玫瑰因帶刺而痛苦，自尊感就這樣逐漸降低。

請各位仔細回想自己聽過或對人說過的「建議」。若孩子其他科目成績都高於平均，唯獨數學不理想，父母通常會說什麼呢？可能會說：「數學分數這麼低，以後怎麼辦？」顯示出父母往往只在意成績差的科目，而非其擅長的科目。然而，這句話裡也隱含著「數學成績拉低了你的整體價值」的訊息。

如果對一個圓臉的人說：「你把兩旁頭髮放下來，臉看起來會比較瘦。」這代表什麼？這句話等同傳達了「圓臉不好看，遮起來比較好；要不是臉圓，你會是個更有價值的人」的訊息。

連同優缺點在內，我們每個人原本就是有價值且耀眼的存在。

儘管如此，生活在一個充滿批評的社會，我們卻總是先看到自己所沒有的，而非所擁有的；更在意缺點，而非優點。因此，我們仍常會說出「要不是因為……我就可以成為一個更有價值的人」這樣的話，來貶低自身價值。

像剝核桃一樣自信地展現自己

在亞洲生活，若不想收到來自各方的諸多批評，似乎就必須跟著趨勢走。過著與別人相似的生活、有份好工作、開名車，並在差不多的時候結婚。如果你是學生，就必須好好讀書，考上好大學。這是現實，因此若有不符標準之處，人們會想隱藏缺點、加以包裝掩飾，然後過著一種若無其事、假裝堅強、煞有其事、故作聰明的生活。因為一旦揭露實情，就可能變成他人揶揄、嘲弄與批評的對象。

在「與池醫師一起」YouTube 頻道的第一支影片裡，我開頭便這樣問候大家：「我是大邱人，因為在美國生活，所以我非常想念和喜愛大邱方言，最近也很想繼續說方言。」為了不讓別人有機會拿我的方言說三道四，我便開門見山地直接表態。

就像剝核桃般，抱持「核桃殼內的我，本質上是個好人」的態度，自信地說出自己認為的缺點——這就是「剝核桃技巧」。每個人多少都有想隱藏、不願讓人知道的部分，因為一旦曝光，便可能成為他人批評的對象。與其隱藏這些事，不如像剝核桃殼一樣，主動將它們公開。不可思議的是，若能好好實踐「剝核桃技巧」，反而有助於提升自尊感。

我已經公開地表明了自己患有成人 ADHD，其實剛踏入職場時，這很不容易說出口。後來累積了些年資，工作也較上手後，我才坦白此事。我自信地說明：ADHD 症狀確實讓我有些辛苦，但我也有其他優點：「我有些迷糊，不過精力充沛，會帶著熱情替病人看病，也會鑽研棘手病例，好好解決問題。」當我帶著這份自信「剝掉核桃殼」後，就再也不必因擔心被發現而忐忑不安了。

若能揭露自己不夠好、不擅長之處，心情往往比試圖隱藏時輕鬆自在許多。此時很重要的一點是，要抱持自信態度，告訴自己：「我是有價值的人」、「我是很棒的人」。若確實地實踐「剝核桃技巧」，反而更能展現自信、坦蕩的一面。

前馬里蘭州第一夫人有美．霍根（Yumi Hogan）女士，曾為我的第一本書《順從自己的心》（마음이 흐르는 대로，暫譯）

寫推薦文。我將原稿隨信附上，請她撥冗撰寫，幸運地收到了回覆——但事實上我與她素未謀面。令我有些不好意思的是，她說那是她讀過最感人的書，所以為我寫了推薦文。最重要的是，她提到，我不只談論擅長之事，也坦誠揭露自身不足，這點令她深受感動且印象深刻。

若能大方揭露自身缺點，你的真誠反而可能贏得更大的信任。然而在亞洲，人們似乎認為揭露缺點就等同於「被別人抓到把柄」。若自己並不認為那是羞於啟齒之事，且大方坦承，那真的是「被抓到把柄」嗎？

英國王妃梅根．馬克爾（Meghan Markle）臉上有許多雀斑，但她並未試圖掩蓋，反而正面表態：「沒有雀斑的臉，就像沒有星星的夜空。」聽說這是她年幼時父親常對她說的話。如此一來，旁人便很難再批評那些雀斑了——這可謂「剝核桃技巧」的精髓。

若想培養出高自尊感的孩子，請讓孩子瞭解自己的優缺點，並使其感受到他本身就是一顆耀眼的星、一朵美麗的花。不要說「你的問題就是英文不好」，而是說：「不管成績如何，你都是有價值的人，英文慢慢學就好。」以此鼓勵孩子。

孩子若被朋友嘲笑個子矮，許多父母或許會對孩子說：「就跟你說要營養均衡、睡眠充足才會長高」、「吃點長高補品，再去看醫生吧」、「再買增高鞋給你穿」。這些話雖是出於愛與擔心，卻也向孩子傳達了「沒錯，矮是個問題，你的價值取決於身高」的訊息。相較之下，你該傳達的訊息必須強調其存在本身的價值，例如：「個子小並不影響你的真正價值，看來你的朋友還不懂你的真正價值所在。」

對待自己亦是如此，希望你屏棄「如果能改掉這點就好了」、「如果不是這樣就好了」這類想法。人之所以會想：「如果我長得再好看點就好了」、「學歷再亮眼點就能出頭天了」、「要是我很會賺錢就完美了」，正是因為相信自身價值取決於這些事物。然而，無論何種性格或特質，都無法貶低你絕對的存在價值。請記住——你所有一切的總和，已讓你成為了「一個有價值的人」。

從現在起，與其在配合外界標準時試圖掩蓋自己的缺點，不如像剝核桃一樣大方坦承吧！你要肯定的是，即使剝掉了外殼，內在的你依然是一個好人、是一顆耀眼的星星、是一朵美麗的花。我們是珍貴的人，存在本身就具備了絕對的價值。

CORE MIND TRAINING PRACTICE

提升自尊感的方法之一，即是自我接納與自我肯定。學習接受自身的不完美、包容錯誤與缺點，並肯定自己原本的樣貌。倘若我們能大方坦承那些可能引來他人批評的部分或缺點，而非一味隱藏，反而有助於提升自尊感。

1. 你認為自己有哪些缺點呢？

2. 就像硬幣的正反面一樣，請把自己的缺點變成優點，然後將這些部分全部整合起來，並告訴自己「我是一個有價值的人」。

找到敞開彼此心門的鑰匙

讓溝通更有感的附和技巧

即使身處同一個空間，要與人進行深刻的交流也非易事。即便是朝夕相處的家人，有時也會感到難以契合，甚至覺得與外人交談或許還輕鬆些。當溝通出現「乾脆別說了，我們之間還有什麼好談的？」或「我真的沒辦法跟媽媽好好說話」這類明顯的裂痕時，心靈的距離便會隨之拉開，最終可能連簡單的交談都倍感壓力。除了基本的「吃飽沒？」、「晚安」之外，彼此間似乎再無他話。

在人際關係中，我們渴望獲得什麼樣的情感回饋？最核心的莫過於「愛」與「認同」。我們期望他人能表達關愛、肯定我們的付出，甚至表示感謝，也期盼自己的想法和感覺能在對話中被理解與接納。當你感覺被對方理解與認同時，便會自然地願意與之持續交流。反之，若缺乏這份認同，那麼無論對方言語如何悅耳，恐怕也難以開啟或維持真正的對話。

對於他人的行為、想法，特別是感受表示認同，這稱為什麼呢？沒錯，就是「同理心」。當溝通日益受到重視，同理心也隨之成為焦點。有種說法是，在現代的人際與社交互動中，善於同理的人往往更受歡迎，也更容易獲得成功。然而，環顧我們的社會，充滿指教、糾正意味的對話，似乎遠多於飽含同理心的交流。這或許源於我們成長過程中，鮮少聽聞真正能觸動人心、引起共鳴的話語。同理心是需要學習和練習的，接下來我想具體分享如何培養同理心，並將其輕鬆應用於日常。

先接受，別回應

二十五歲那年，我為了考取美國醫師執照而赴美。原先計畫只待一年，完成進修後便返回韓國，未曾想這一待竟是二十餘年。若扣除記憶已然模糊的童年，我的大半人生幾乎是在美國度過的。我深深感受到韓、美兩國文化存在諸多歧異，特別是在人們的對話方式上，這種差異尤其顯著。

在韓國文化中，當一方開口，另一方往往會立刻接話回應。

例如，若有人說：「你今天打扮得很特別哦」，聽者可能會回：「哪有，今天來不及，根本沒化妝就出門了。」或者有人問：「你不覺得裙子太短了嗎？」對方則可能反駁：「這哪裡短？算長的好嗎！」大多數人習慣了這種應對方式，甚至將其視為一種對話的互動樂趣。觀察電視節目或 YouTube 頻道，便能發現對話經常呈現這種迅速往返、你來我往的狀態。

相較之下，在美國，人們的反應模式則有所不同，他們往往會先表示接收到對方的話，而非立即提出自己的看法或反駁。常見的第一句回應可能是像「Did it ?」（是嗎？）、「Was it ?」（這樣啊？）或「I see.」（原來如此）這樣的短語，接著可能會說「Tell me more.」（多跟我說一些）。也就是說，他們會先表達「我聽到了／瞭解了」，然後才鼓勵對方繼續分享：「後來呢？再多說一點吧！」

試想一下，當你說了某句話，得到的第一個反應卻是：「你為什麼會那樣想？你應該這樣想才對。」你會作何感想？無論你原先說的內容是對是錯，很可能都會感覺：「這個人似乎並不尊重或重視我的想法。」倘若這種互動模式一再重複，你大概也不會想再與對方多說什麼了。

即興劇（Improv）是美國一種常見的喜劇表演形式，其特色在於沒有預設劇本，完全仰賴表演者的臨場反應與自由發揮。這種表演的核心原則是「Yes, And」（是的，而且……）。也就是說，無論搭檔說了什麼，都必須先肯定（Yes），再以此為基礎添加內容（And），絕不輕易否定或打斷。即使對方拋出了極為荒誕的點子，也不能回以「你在胡說什麼」或「嘿，才不是那樣」，而是先接受這個設定，並順著它繼續發展劇情。

舉例來說，若搭檔說：「我的手臂突然不受控制了！」你不能煞風景地反駁：「胡說，我看你動得好好的啊。」比較好的做法是接納這個狀況，並追問：「噢？怎麼了？發生什麼事？」藉此讓互動得以延續。

這個「Yes, And」原則，同樣能應用在日常對話裡。當年我在美國完成為期兩年的兒童精神科專科臨床培訓（Fellowship）後，正準備參加專科醫師認證考試。考試內容主要是評估我實際為病患看診的過程：首先，我必須在主考官的觀察下與病患面談；待病患離開後，隨即展開討論。我必須向主考官報告可能的鑑別診斷、建議安排的檢查項目以及治療計畫，同時還得回答主考官提出的各種問題。

考試前，當時指導我的兒童精神科主任召集了我們這群受訓醫師（Fellows），給予應考建議。他提醒我們，無論主考官提出什麼觀點，切記不要立刻反駁或否定。他舉例說，即使主考官問了像「如果讓大象敲一下那孩子的頭，會有治療效果嗎？」這樣荒謬的問題，也絕對不能回：「你怎麼會說出這麼離譜的話？」主任建議，更好的方式是帶點彈性地回應，例如：「或許真有某種效果也說不定，但我個人認為，現階段應優先考慮藥物治療。」

這背後的道理是，即使你完全不同意對方的觀點，但對方會那樣說，必然有其脈絡或理由。因此，與其急著反駁，不如先停下來思考：「他為什麼會這麼說呢？他想表達的真正意思是什麼？」

你的第一句話是什麼？

大多數人其實並不清楚自己慣用的溝通模式。因此，我建議當孩子或伴侶對你說話時，試著留意自己的回應，特別是脫口而出的第一句話，看看它是否符合「Yes, And」的精神。你或許會驚訝地發現，自己常不自覺地立即給出反應、建議或評價，而非先表達接納。

比方說，當先生下班回家說：「親愛的，我今天好累。」你的第一反應會是什麼？是不是不自覺地就回以指責：「你哪天不累？」或是立刻給出建議：「累了就趕快去洗澡、睡覺啊！」然而，若想真正做到同理與交流，第一步其實是去感受並接納對方話語裡的情緒。

那麼，該如何表達這種感同身受呢？同理的方式有很多，但其中一個最簡單且實用的技巧，就是用近似的話語重複對方所說的內容，我稱之為「第一句話附和技巧」。無論對方說了什麼，你的第一反應應當像反射動作一樣，先附和、呼應對方的話。

延續前面的例子，當先生說「我今天好累」時，試著先附和：「你這麼累啦？」或「哦，原來你很累啊。」這樣的簡單回應其實就在傳達「我聽見了，也明白你的感受」。在這之後，再接著說：「那要不要泡個熱水澡放鬆一下？」會更為恰當。

僅僅是調整第一句話，就能讓對話氛圍轉為支持與理解。除了直接附和，你也可以運用稍微改變措辭的「重述」（Rephrasing）技巧，或是更進一步地去同理並反映對方想法與感受的「情感反映」（Reflection）技巧。無論使用哪種方式，關鍵都在於：

避免第一時間就否定或急於給出自己的反應，而是先明確傳達「我聽到了，也理解了」，之後再表達自己的想法或建議也不遲。

與孩子溝通時也適用同樣的原則，即使孩子說的話聽起來天馬行空，也請先傾聽並尊重他們的想法與感受，可以回應：「哦，你的想法聽起來也滿有意思的。」或「嗯，你可能真的會有那種感覺。」試想，如果孩子抱怨：「我們老師糟透了！」許多父母的第一反應或許是：「老師怎麼糟了？一定是你自己先做錯了什麼吧？」然而，令人遺憾的是，若父母總是急於教訓、習慣性地否定孩子的看法，在這種模式下成長的孩子，會持續感覺自己的想法和感受是不被重視的。他們容易將父母對待自己的方式，內化為世界看待自己的方式，進而認為自己的感受與想法毫無價值，最終導致自尊感低落。

說孩子的自尊感，很大程度上是由父母的同理心所滋養和提升的，一點也不為過。當孩子試圖表達想法與感受時，若父母的第一句話是接納與附和，而非立即的反應或評價，孩子便會感覺到自己的想法與話語是被重視、有價值的。

請先表達接納並專注傾聽孩子的想法與感受。例如，在孩子抱怨老師後，你可以先說：「哦，聽起來老師讓你很不高興。」

接著再嘗試理解：「是因為老師的關係，今天發生了什麼事讓你不開心嗎？」特別是對於悲傷、憤怒、難過或開心、快樂等情緒本身，它們並無對錯可言，更需要我們全然地同理。請務必記得，無論年齡大小，每個人都渴望在對話中，自己的想法與感受能被聽見，並得到認同。

當你確實需要引導或糾正孩子的想法、行為時，務必先充分同理他們的感受，然後再以建議或提醒的方式來進行。即使內心急著想給建議或指正，也請務必先耐心傾聽孩子的心聲，並適時附和他們的話語。關鍵在於真心傳遞「我重視你的想法，並且正在認真聽」的訊息，絕非僅是表面功夫或敷衍了事。

哪怕只是簡單運用「第一句話附和技巧」，在開頭說一句：「哦，這樣啊。」、「原來是這樣。」、「我不知道情況是那樣呢……」或是「那件事讓你這麼難過啊……」——往往溝通就已經成功了一半。從那一刻起，對方會感覺更安心，也更願意與你繼續對話。請試著從今天開始練習「Yes, And」的原則，你會發現，對話將變得更輕鬆、更愉快，而對方也會更樂意與你交流。

CORE MIND TRAINING PRACTICE

「第一句話附和技巧」雖然看似簡單——僅僅是重複對方話語的內容——其效果與優點卻不容小覷。這個技巧能自然展現出你對他人的理解與同理，使雙方的溝通更加順暢。此外，它對於促進對話的深入發展、提升對方的舒適感與自信心，都有顯著的助益。

1. 回想一下，在今天(或本週)與人對話時，你脫口而出的第一句話通常是什麼？評估看看，其中有多少比例是屬於先附和、再回應的模式？

---

2. 若有機會觀察他人的交談，試著留意他們對話中，以附和作為開場白的頻率高不高？

---

3. 請嘗試從明天起，刻意練習使用「第一句話附和技巧」。持續三週後，觀察關係是否因此產生了任何變化。

尋找真愛的祕訣

尊重，是愛的別稱

《本質教養》出版之後，我時常這麼說：「我們生養孩子，不是為了『好好養育』這個目標，而是因為『愛』。」這句話源自我母親的提醒。那時，我正因為歷經多年不孕治療卻未能成功而深感失落，曾經向母親吐露我的遺憾之情：「要是我有孩子，我真的很有信心能把他教養好。」

母親當時的一席話點醒了我：原來自己之所以渴望孩子，是出於一種想要「好好養育」的執念，甚至可說是一種貪念；但孩子的到來，本質是為了感受愛、被愛。領悟了這一點後，我便常透過演講與媒體分享這個故事，也總是將「愛」這個字掛在嘴邊。

從心理學來看，說人類活著是為了愛與被愛一點也不為過。如果誕生在世界上後有好好地愛人與被愛，就是美好幸福的人生了。相反地，如果在經濟上得到非凡成就，卻覺得「我是得不到愛的人，沒有人真的愛我」呢？從心理情緒方面來看，這種人難以感受到「我真的過得很好」。

對我們的生活深具影響力的「愛」到底是什麼呢？我曾在授課時向聽眾拋出「愛的別稱是什麼」的問題，得到等待、擁抱、體貼、尊重、理解、接納、寬恕、容忍、關心等各種答案，還有一個答案是「愛的反義詞是『不屑一顧』，所以愛的別稱是『承認』」。

各位認為愛的別稱是什麼呢？如果你知道答案，那麼現在就能判斷自己目前付出的愛或得到的愛是否為真愛。首先，我要跟各位講述我經歷過的兩個關於愛的故事。

來自父母的第一份愛

和大家一樣，我出生後接觸到的第一份偉大的愛來自父母，尤其是媽媽的愛。由於父母凌晨就要外出工作，因此回顧我的童年，大多數的時間都是姊姊和我兩個人一起度過。我們曾經買一整箱杯麵，邊用杯麵充飢，邊等爸媽回家。儘管如此，我從來不曾覺得自己缺乏父母的愛。

回憶起母親，首先浮現的是她溫暖的肢體接觸。即使工作到深夜才拖著疲憊身軀返家，她見到我們姊妹，總是會給我們擁抱，撫觸我們的臉頰，再輕拍幾下，媽媽完全愛著我和姊姊原本的樣子。患有 ADHD 的我，行事莽撞、錯誤百出，弄丟文具、鞋袋、便當袋、外套等隨身物品是家常便飯，也總是忘了帶作業或課本。不僅如此，我還常因衝動做出危險行為而受傷，像是從高處往下跳，或是不看來車就橫衝直撞地跑過斑馬線。

在原本就不寬裕的家境下，我卻頻繁地受傷、弄丟東西，想必站在父母的立場，他們內心一定很不好受。儘管如此，爸媽卻幾乎不曾嚴厲地指責或教訓我。他們就是愛著女兒本來的模樣，連同我的缺點一併接納。因此，在我的成長記憶裡，從未出現過「唉，真受不了你！」或「再這樣下去以後怎麼辦？」這類的話語。

有人可能會問，父母之所以如此包容，是不是因為我很會念書？其實不然。事實上，我的姊姊不像我這般熱衷學業，在校成績也並不突出。即便如此，父母也從未因此責罵她，或強迫她用功讀書。無論是對姊姊還是對我，爸媽從不施加壓力，更不會要求我們必須功成名就或表現優異。

在成長的歲月裡，我始終懷抱著一個堅定的信念：「我是值得被愛的。」無論我的學業表現如何、是否聽話、有沒有闖禍，這份自我價值感都深植於心，從未動搖，一直伴隨我長大成人。

來自先生的第二份愛

我生命中經歷的第二份深刻的愛，來自我的先生。我們透過網路相識、相戀，當時分居兩地，每次見面都得驅車兩小時。他是一名泌尿科醫師，即使工作再忙碌，有時也會特地請人代班，只為了能來看我。他這份積極主動的愛意深深打動了我，交往一年後，我在四十歲那年，決定與他攜手步入婚姻。

然而，婚後我才逐漸發現，先生是個不折不扣的工作狂。他總是清晨出門，深夜方歸；偶爾待在家裡，也幾乎是與沙發融為一體，難分難捨。疲倦時，他會在沙發上放空，看電視看到一半打起呼來更是常有的事。即使到了週末，我想約他出門走走，他那「沉重」的身軀也常常動彈不得。對於活潑好動的我而言，這樣的先生實在有些沉悶，相處下來，我對他的不滿也日漸累積。

另一方面，外科醫生出身的先生，行事風格乾淨俐落，個性也相當細心謹慎。這樣的他，卻開始不斷地挑剔我的毛病——畢竟婚後的我，已不再是交往時期那個他眼中整潔又有條理的形象了。我時常因為用完瓦斯爐忘了關火、車庫門敞開了一整天，或是沒清理廚房水槽裡的麵包屑而被他數落。從小到大幾乎沒聽過父母嘮叨的我，卻在四十歲之後，天天得聽先生的叨唸，這讓我倍感心力交瘁，也實在難以適應。

更雪上加霜的是，大約在婚後半年，我罹患了一種不明原因的疾病。短短兩、三個月內，嚴重的暈眩與疲憊感，讓我甚至連自行吃飯都變得困難。無奈之下，我只好暫時返回韓國，由母親來照顧我的起居。

挽救夫妻危機的寶貴啟示

儘管接受了密集治療，我的病情仍未見快速起色，最終導致我和先生分隔兩地（我在韓國，他在美國）長達半年之久。當我終於捱過那段艱難歲月，回到美國與先生重逢時，內心豁然開朗，意識到一件事：一直以來，我似乎並未真正深愛過我的先生。我所愛的，並非他真實的樣貌，而是那個「能夠早點回家、一同享受悠閒假期」的理想伴侶。同樣地，先生愛的也不是真實的我，而是那個「擅長整理家務、記得關車庫門、不會忘記關瓦斯爐」的完美妻子形象。

我這才體悟到，當我們對彼此說「你什麼都好，就是這一點非改不可」時，其實潛臺詞就是：「我並未真正愛你現在的樣子，等你變得更完美，我才能真心愛你。」在這種狀態下，雙方自然都無法感受到被對方全然接納與真心疼愛。

於是，我下定決心，要學習去愛那個有時像「沙發馬鈴薯」般的先生——愛他真實的樣貌。即使他只是癱在沙發上放空、看著電視，我也會主動走過去抱抱他、親親他，對他說聲：「今天工作辛苦了，謝謝你。」然後再去做自己的事。儘管內心渴望能一起外出散步，但我會學著尊重他因疲憊而想休息的意願。坦白說，這樣做並不容易，但我逐漸體認到，這或許才是愛的真諦。

現在，你是否發現「愛」的另一個名字了？我認為，那就是「尊重」。而尊重，內蘊著對對方的「認同」——也就是全然接納那個人本來的樣貌。請試著在與愛人的關係中，實踐這份尊重。

倘若你總想改造對方、使之變得「更好」，甚至限制其自主性，而不是認同他原本的樣子，這還能算是尊重嗎？若與這樣的人相處，你便難以感受到自己是被原原本本地深愛著。無論對方條件多麼優越，一旦你感覺不被尊重、甚至失去了自我，幸福感便難以維繫。

同樣的道理，也適用於親子關係。父母當然都愛自己的孩子，也願意為子女犧牲奉獻。然而，有些父母卻誤將「不斷糾正孩子不擅長之處，好讓他們變得更優秀」視為自身的主要職責。請各位父母反思一下：這樣的做法，是否真正體現了對孩子的尊重？是否真正深愛著孩子「原本的樣子」？請仔細檢視自己，你愛的究竟是孩子真實的原貌——包含那些缺點與令你不甚滿意之處——抑或你內心總渴望著改造孩子，期望他變成你所偏好的模樣？

當然，父母有責任教導孩子重要的人生價值觀，並引導他們建立健康的心態。但同時，我們也必須警惕：自己是否在無意間向孩子傳遞了這樣的訊息——「我難以全然去愛你現在的樣子，你必須表現得更好，才能贏得他人的喜愛」？別忘了，我們生養孩子，初衷是為了愛，而非僅僅為了將他們「塑造」得多麼優秀。孩子之所以值得被愛，並非因為他們達成了什麼，而是因為他們本身的存在，就已彌足珍貴，本就值得被愛。

認同對方的存在，並真誠地尊重對方

那麼，我們該如何具體地實踐對他人、對子女的尊重呢？談及尊重時，有兩項原則經常被引用與討論，即「黃金法則」（The Golden Rule）與「白金法則」（The Platinum Rule）。

所謂「黃金法則」，指的是「己所不欲，勿施於人」的原則。也就是說，你希望別人怎麼待你，你就該怎麼待人；同樣地，你不希望別人對你說的話或做的事，你也不該對他人說或做。這無疑是亙古以來中西共通的普世智慧。然而，我們必須留意到，「黃金法則」要能完善運作，其前提是你和對方的好惡大致相同，但這恰恰忽略了人與人之間往往存在著不同的喜好與需求。

而「白金法則」則代表了更進一層的尊重：「按照對方期望的方式去對待他。」特別是在與伴侶或親近之人相處時，更應將白金法則謹記在心。如此一來，對方才能真正感受到被尊重，進而感覺被愛。不過，問題來了：你要如何得知對方期望被怎樣對待呢？答案很簡單，那就是親自詢問本人。

你有聽過這對老夫妻的故事嗎？步入晚年的夫妻離婚了，最後他們在炸雞店用餐，先生拿了雞腿給太太，他想到迄今為止兩人的感情，於是先將自己愛吃的部位拿給太太，可是看到雞腿的太太卻情緒激昂地放聲大哭：「你跟我一起生活了四十年，卻不知道我比較喜歡吃雞翅，對不對？因為你從來沒問過我喜歡吃什麼！」

老太太是在抱怨伴侶抱持著諸如「我比你更懂什麼對你好，聽我的就對了」、「我這全都是為你好」這類的態度。這種單方面強加意願的做法，源於對個體差異性與自主權的不尊重。因此，請秉持「白金法則」的精神，主動詢問並傾聽對方的想法；即使彼此意見相左，也要給予尊重。唯有如此，對方才能真切感受到你的愛意。缺乏尊重的愛，乍看之下或許充滿了關懷、奉獻與犧牲，實則難以稱為真愛。倘若你真心愛一個人，就請尊重他想選擇的道路、想追求的事物，而非替他做決定。

當然，這並非意味著當對象是孩子時，你就得全盤接受、聽任他們想做的每一件事。重點在於，先充分傾聽孩子的心聲與想法，在此基礎上，再適時地教導是非觀念、給予引導——這麼做絕不會太遲。當孩子感覺自己的心聲被認真傾聽了，他們自然會感受到尊重與被愛。關於父母如何給予孩子無條件的愛，同時進行必要的價值教育，我在《本質教養》一書中有更詳細的闡述。

當我提出「尊重一個人原本的樣子就是愛」時，常有人會問：「那萬一孩子完全沒有進步，一直原地踏步，該怎麼辦？」如同我先前的心路歷程，自從我停止聚焦於先生的缺點、不再試圖改造他，而是下定決心去愛他真實的樣貌之後，意想不到的轉變發生了：我的先生開始改變。他會在晚餐後主動牽起我的手，一起到社區散步二十分鐘。儘管內心可能仍想賴在沙發上休息，但為了心愛的妻子，他選擇了陪伴與同行。

坦白說，只是二十分鐘的散步，有時我仍覺得不夠，希望能再走久一些，但我明白，這已是先生表達愛的方式。而先生呢？現在也幾乎不再對我嘮叨了，因為他體認到，接納並愛我這個「漏洞百出」的真實樣貌，才是真正的愛。相對地，我也盡力避免去做那些先生不喜歡的事情。當然，我做得未必完美，但先生知道我正在努力。

最終，是愛改變了人。當一個人真實的樣貌被全然接納與疼愛時，他們往往會自發地、慢慢地進步，彷彿是為了回報那份深情。事實上，每個人的內心深處，都潛藏著想變得更好的渴望與期盼。相較於那些感受不到愛、總是遭受指責的人，被充分關愛的人，更有能力將這份內在的渴望付諸實踐。正是這份源於愛的認同與尊重，悄然改變了成人與孩子，促使他們成長。

或許我們都曾試圖透過不斷的叨唸與訓斥來改變一個人，但這容易嗎？效果又如何呢？從現在起，我們何不嘗試著去愛、去認同對方真實的樣貌，並打從心底相信他們有自我成長、變得更好的潛力呢？即使改變需要時間醞釀，但那份被全然接納的愛與信任，終將可能在對方身上，催化出令人驚喜的轉變。

如果你總是怒火中燒

平息怒氣的西瓜技巧

「壞脾氣真的能改嗎？」這是我經常被問到的問題之一。首先，我們得承認，每個人在生活中偶爾都會有情緒、發脾氣，這是人之常情。然而，若是經常為了一些微不足道的小事就勃然大怒，那又是另一回事了。一般人口中的「某某人脾氣很差、動不動就生氣」，通常指的就是明明沒什麼大不了的事，此人卻頻繁地情緒失控。要改變這種慣性生氣的模式確實不易，需要付出相當大的努力。儘管要完全阻止「憤怒」的情緒瞬間湧現或許很難，但我們絕對可以學習改變「憤怒時向外發洩」的行為模式。接下來，就讓我們一起探討，當你怒火中燒時，可以怎麼做來平息怒氣，並做出更冷靜、合宜的反應。

看得見外表，猜不透內心，就像判斷西瓜熟度一樣難

我們買西瓜時，該怎麼判斷它熟了沒有呢？我總是習慣敲一敲，但老實說，無論怎麼敲，還是分辨不出哪一顆熟度正好。我的婆婆非常擅長挑西瓜，但即便是這位「西瓜鑑定大師」，偶爾也會失手買到不夠甜的瓜。西瓜，就是這樣一種從外表難以窺探其內在的水果，「知人知面不知心」這句俗語，彷彿就是為它量身打造的呢！

現在，讓我們將目光轉回人際互動。你通常都為了什麼事情生氣呢？仔細想想，多半與他人有關，對吧？每當這時，我就會想起西瓜。我們真的有辦法看透那個惹你生氣的人的內心嗎？恐怕很難。畢竟，連一顆西瓜熟了沒我們都無法百分之百確定，又怎能輕易斷言自己完全理解另一個人的心思呢？

因此，當你感覺怒氣上湧時，試著先做個深呼吸，然後在心裡默唸或輕聲重複：「我並不真正瞭解那個人的內心。」藉此提醒自己，事情背後或許有你所不知道的緣由或內情。僅僅是這樣轉念一想，你或許就會發現，原本那股即將爆發的怒火，似乎稍微平息了一些。我將這個方法稱為「西瓜技巧」。它同時也是一種減少認知謬誤、避免陷入「讀心術」陷阱的方式

——讓你不再輕易認定自己完全明白他人的想法與意圖。

附帶一提，我偶爾會在書寫或演講中穿插英語表達，主要是因為我們使用的語言能反映或顯示出我們的思考方式。我想用這種方式示範不同的思考方法，也就是「原來可以這樣想」。

英文裡有句話叫做「Give Him / Her the Benefit of the Doubt」。這句話的意思是，當你對某人的行為或言詞感到疑慮（Doubt），但又缺乏確鑿證據證明其不當時，你應當選擇從對他有利（Benefit）的角度去解讀，通俗地說，就是「寧可姑且相信對方一次」。

事實上，誰又能百分之百地確定自己全然瞭解另一個人呢？即使關係再親近，哪怕是家人，也無法完全掌握對方的內心世界或真實處境，畢竟每個人的生命歷程與所處環境都是獨一無二的。「人非聖賢」，同樣地，我們的推測與判斷永遠存在著不確定性。如果你自認爲洞悉一切，那往往只是一種錯覺。

可能有我不知道的情況

開始經營 YouTube 頻道並活躍於社群媒體後，免不了會收到一些負面評論，這也讓我對「負評」有了更深的體會。記得有一次，在我的教學影片下方，有位網友留言：「先把你家的狗教好吧！」言下之意是，連自家小狗都管不好，憑什麼開班教授心靈成長課程？事實上，當時我才剛領養兩隻幼犬回家不久，牠們年紀還小，一聽到任何細微聲響就會狂吠不止。而很不巧地，就在我某次進行 YouTube 直播時，這兩隻小狗偏偏就在那時叫個不停。

若試著站在那位留言者的立場思考：他撥出寶貴時間觀看直播，卻一直被狗叫聲干擾，心中難免會感到惱火吧？不過，當時也有其他的留言，有人好奇：「狗叫聲不會干擾到鄰居嗎？」隨後便有人回應解釋：「在美國（特別是鄉郊地區），地廣人稀，獨棟房屋通常附帶院子且彼此距離遙遠，所以基本上聽不太到鄰居家的狗叫聲。」在我看來，這位幫忙解釋的網友，其實已經不自覺地運用了「西瓜技巧」。

這讓我推測，那位留下負評的網友可能來自韓國。在韓國，集合式住宅（如公寓）相當普遍，居住密度高，若是家犬過度吠叫，確實可能引來鄰居抗議甚至驚動警察。或許正是基於這樣的經驗，他才會在看到我家小狗吠叫時，直覺地認為我沒有盡到管教的責任。然而，我當時居住的環境恰好相反，房屋棟距很大，從我家甚至看不太到鄰居的房子，因此就算小狗在家裡吠叫，也幾乎不會影響到左鄰右舍。

因此，未來當你遇到一些讓你難以理解的人或事，忍不住想著：「那個人到底在搞什麼？」或「世界上怎麼會有這種人？」的時候，我希望你先停下來，提醒自己：「我並不完全清楚他所處的環境與狀況。」試著去想，對方或許有某些你不知道的難處或理由——這正是前面提到的「Give Him / Her the Benefit of the Doubt」精神所在。

開車時，難免會遇到有車輛蠻橫地違規切入你的車道，當下往往令人火冒三丈。在這種怒氣升騰的時刻，不妨試著想一想：「對方會不會有什麼我不知道的狀況？」當然，他或許就只是個沒禮貌的駕駛，但也可能是一位心急如焚、正趕著送孩子去醫院動緊急手術的父親。同樣地，當有人無緣無故對你發脾氣或態度惡劣時，也請先在心裡轉個念：「或許，他正經歷一些我所不知道的困境。」也許他前一天剛收到離婚協議，或者被公司解僱——儘管這些狀況未必常見，但僅僅是進行這樣的思考，往往就能幫助我們緩和原本激動的情緒。下次不妨親自試試看！

那個人也許沒有惡意

試著去想「那個人或許並無惡意」，是幫助平息怒氣的另一種有效方法。例如，走在路上被人不小心輕輕撞了一下，如果你當下認定對方是故意的，那麼怒氣肯定油然而生。然而，你真的能百分之百確定他是故意的嗎？既然無法完全肯定，這時不妨換個角度想：「也許他根本沒察覺撞到人了？」試著這樣去理解，選擇姑且相信對方是無心之過。

同樣地，父母也常因孩子的行為而動氣。明明告誡過孩子別做某件事，他卻依然故我，甚至變本加厲，這時父母難免會想：「他是不是故意不把我的話放在眼裡？」、「他存心要惹我生氣嗎？」每當遇到這種情況，我總會提醒父母們：「如果孩子真的『能夠』聽話照做，他早就做了。」這意味著，孩子的行為往往源於能力不足（例如衝動控制、理解力等），而非刻意的惡意或挑釁。

換句話說，如果孩子的能力真的足以達到父母的期望，他們多半是願意去做的。舉個例子：父母可能告誡了孩子上百次「不要跟朋友打架」，但孩子卻依然故我，讓爸媽心力交瘁。這時，孩子或許知道打架不對，但他可能還不具備「不透過肢體衝突也能解決紛爭」的成熟技巧與能力——他的「不聽話」，往往並非出於故意，而是其心智或社交能力尚未發展到那個階段。你可能會困惑：「可是他明明有時候做得到啊？怎麼時好時壞，好像故意跟我作對？」若真是如此，那通常表示孩子的能力還不穩定，尚未發展到足以「每天都」維持良好表現的程度。

其實，類似的狀況也發生在成年人身上。試問，我們自己是否也有一、兩件明知該做、對自己有益的事，卻難以持之以恆呢？好比說，明明知道運動有益健康，卻不見得每天都去運動；明明曉得甜食不利減重，卻還是難捨口腹之欲。既然連成年人都如此，那麼對那些仍在學習與發展階段的孩子們，我們是否該有多一分理解？他們偶爾的「做不到」或「不聽話」，很可能並非故意要惹父母生氣，而是他們的能力還無法達到百分之百穩定，或者有時也不是那麼確定「該怎麼做才對」。只要我們能試著從這個角度去理解，許多因孩子而起的怒氣，自然也就能消減大半了。

「西瓜技巧」的核心，在於擁有個「開放的心胸」。這意味著你要認知到，除了你當下所能想到的解釋之外，還可能存在著其他的「可能性」。你願意去設想：「或許有些情況是我不知道的」，或者「那個人也許並無惡意」，並為這些可能性保留空間。換言之，你選擇成為一個更寬容、更能體諒他人的人。那麼，「西瓜技巧」的反面是什麼呢？答案是「輕率的判斷」（Judgement）。這種判斷，就好比你只瞭解自己這顆西瓜，卻想當然地認為天下所有的西瓜都是一個樣，並以此為基準去評價他人。你誤以為自己掌握了全部的事實，因而輕易地論斷甚至「定罪」他人——這正是我們生活中屢見不鮮的狀況。

當你練習帶著開放的心態去運用「西瓜技巧」時，你會發現自己確實比較不容易生氣了。請記得，憤怒會引發交感神經的亢奮，使我們的自律神經系統處於高度緊繃狀態，這不僅影響心理，更會導致全身肌肉僵硬、難以放鬆。因此，若能培養一顆更寬厚、包容的心，減少不必要的怒氣，對我們的身心健康都將帶來長遠的正面效益。

那些懂得時時提醒自己：「這顆西瓜裡，或許藏著我不知道的事情」的人，他們的思考格局已然超越了侷限的「自我」，連帶地，他們的同理心往往也隨之提升。而「同理心」這項特質，恰恰是目前的人工智慧或機器人難以企及，甚至超越人類的。也因此，在我們身處的這個時代（常被稱為第四次工業革命時代），同理心正逐漸成為一項倍受重視的關鍵能力。

當你善用「西瓜技巧」時，無論是遇到令人氣憤的狀況，或看到讓人傷心的負評，都會更容易「放下」、不再耿耿於懷。在你無意識地想批評他人之際，你會提醒自己先試著去理解對方，並告訴自己：「對了，我並不知道那顆西瓜裡究竟是怎樣的。」即使是老闆說了難聽的話，你可能也會轉念想：「他或許正碰上什麼麻煩事吧！」如此一來，你就比較不會反覆糾結於那些話語，因而感到痛苦。

隨著年歲漸長，你是否發現自己反而更容易為了芝麻小事而動怒，而不是變得內心更加平和？若有此情況，請試著深吸一口氣，然後在心中默唸：「我不知道那顆西瓜熟了沒。」這感覺，就好比在炎炎夏日咬下一口冰涼的西瓜，瞬間暑氣全消一般——那份煩躁的心情也會隨之沉澱下來。僅僅是養成這個習慣，就能有效減少你生氣的次數，讓內心趨於平靜，連帶地，與周遭人的關係也可能因此變得更加和睦融洽。

開罐器技巧讓我知道自己可能是錯的

二十歲出頭的外甥曾來美國幫我處理些事務，待了幾個星期。但因為我這個做阿姨的不擅廚藝，所以那段時間，他得自己張羅三餐。

有一天，他跑來跟我說家裡的開罐器壞了，不能用。我心裡清楚開罐器沒問題，便問他：「你確定真的不能用嗎？」外甥斬釘截鐵地肯定那開罐器是壞了，或至少缺少了某個零件。說實話，我第一次見到那款開罐器時，也完全摸不著頭緒，還是先生教了我之後才學會怎麼用。它和常見的那種用突出刀片劃開罐蓋的開罐器不同，這款沒有明顯的刀片，第一眼看上去確實有點奇怪。

接著，我向外甥示範了如何操作那款開罐器。當他親眼看到我用一種他意想不到的方式，輕鬆俐落地打開了罐頭時，他整個人愣在那裡，看得目瞪口呆。我便藉此機會提醒他，永遠不要忘記這一刻的感受。我們往往習慣依據自己既有的知識和經驗，去衡量、判斷那些與自身認知不符或不熟悉的事物，並輕易將其歸類為「錯誤的」或「行不通的」。這種草率的結論，源於我們常常不自覺地假設：自己所瞭解的，就等於是這世界的全部。然而，若與浩瀚的世界知識相比，一個人的所知所學，不過是冰山一角罷了。

讓我舉個例子來進一步說明。假設有兩個人：A 先生在某地出生、成長，並在當地繼承家業，生活相對單純；B 先生則遊歷豐富，足跡遍及世界各地，也經歷過成功、失敗等各式各樣的人生體驗。當這兩個人第一次面對某種陌生且費解的現象時，請問，他們之中哪一位比較容易立刻做出「不可能有這種事！」或「那絕對行不通！」的反應呢？

大多數人的答案會是 A 先生，對吧？因為 A 先生的知識與經驗範圍相對較為侷限，當他在腦中的資料庫進行搜尋，卻找不到與眼前現象相符的資訊時，便很容易迅速做出「這行不通」或「這不正常」的判斷。相較之下，B 先生會花費更長時間搜尋他腦中更為龐雜的經驗庫；更重要的是，由於他曾親身經歷過許多預料之外的狀況，因此他不會那麼快就斷定「這是錯的」。

不過，經驗多寡與是否容易下判斷，也並非絕對的關係。有時候，那些擁有豐富經驗與淵博知識的人，反而更容易犯下類似「這開罐器肯定有問題」的錯誤。這或許是因為他們過於相信自己所知甚多，甚至產生了「我什麼都懂」的錯覺，導致一旦遇到與自身知識經驗相悖的事物時，便會不假思索地認定那是「錯誤的」。

回到我外甥的例子，或許正是因為他見過不少開罐器，也對自己的使用經驗頗有自信，才會篤定認為那個開罐器「不能用」。然而，真正具有智慧的人，往往明白相較於世界上所有未知的可能性，個人所擁有的知識與經驗其實微不足道。換言之，他們深知「自己所不知道的，遠遠多於自己所知道的」。這種清晰的自我認知，正是一種重要的「後設認知」（Metacognition）能力——他們能判斷自己知道什麼、不知道什麼，並因此懂得為「未知的其他可能性」保留空間。這樣的人，才能真正以開放的心胸與眼光，去看待世間萬物。

所以，從現在開始，每當你遇到難以理解的狀況時，請記得同時運用「西瓜技巧」與「開罐器技巧」來提醒自己：人心難測，正如我們看不透西瓜的內裡；而解決問題的方法，也可能超乎我們既有的想像（就像那個開罐器一樣）。時時這樣反思，會讓你深刻體認到：這個世界上，自己所不知道的事情，遠比想像的還要多。如此一來，容易讓你生氣的事情將會隨之減少，你將能體驗到一個思想更自由、心胸更開闊的世界。

唯有耐心等待才能得到的東西

展現成熟情緒的忍耐美學

有句格言說：「忍得一時之氣，免得百日之憂。」這句話不僅強調了「忍耐」所蘊含的力量及其重要性，同時也暗示了忍耐本身實屬不易。

日常生活中，需要我們拿出耐心的時刻比比皆是：趕著出門的早晨，偏偏遇上姍姍來遲的電梯；伴侶提出不合理的要求，讓你差點氣炸；眼看幼兒園校車就快到了，孩子卻還在慢條斯理、拖拖拉拉，讓你心急如焚。

尤其在教養子女這條路上，更是需要源源不絕的耐心。當孩子無理取鬧、耍賴，或是一再重蹈覆轍、犯下同樣的錯誤時，父母都必須沉住氣、耐心以對。事實上，耐心不僅對教養至關重要，對世界上的每件事都是如此。無論做任何事，若想盼到開花結果的那一天，耐心等待往往是不可或缺的前提。

自我調節能力是情緒成熟度的氣壓計

從字典的定義來看，「忍耐」意味著「按捺、承受住痛苦或困難」。若從心理學的角度剖析，「忍耐」則主要包含兩項要素：其一是「延遲享樂」（Delayed Gratification），這當中帶有「等待」的意涵，例如耐心等待孩子心智成熟，或靜待某件事情的時機成熟，都屬於此範疇。其二是「挫折容忍力」（Frustration Tolerance），指的是面對不適或困境時，能夠加以接受並承受的能力；即使情況令人不快，仍能堅持下去；或是在過程中遭遇難題時，能設法克服、堅持到底，這些都體現了挫折容忍力。

這兩項能力——延遲享樂與挫折容忍力——正是構成「自我調節」（Self-regulation）能力的基石，而自我調節又是人類情緒發展歷程中的一項核心課題。剛出生的嬰兒，顯然還不具備這些能力；到了五歲左右，孩子或許能理解「必須等待，不能馬上吃餅乾」的道理，但「理解」不等於「能夠做到」；進入青春期（約十五歲左右），青少年可能會答應父母「電動只玩一小時」，並且即使心裡不情願，也會嘗試去遵守，然而，由於此階段相關能力仍未完全成熟，他們在自我控制上還是時常「破功」。那麼，究竟要到何時，個體才算具備了較為成熟的自我調節能力呢？要回答這個問題，我們就得先瞭解大腦的發展歷程。

大腦中負責自我調節功能的區域是「前額葉皮質」（Prefrontal Cortex），然而，它恰好也是腦部最晚發展成熟的區域之一。儘管存在個別差異，但前額葉皮質的發展一般會持續到二十多歲。因此，到了二十五歲左右，大多數人為了求職目標，必須努力讀書、考取證照，即便過程中感到疲憊或百般不情願，仍能為了長遠目標而堅持下去。到了三十五歲左右，通常更能體認到生活未必盡如人意，但也懂得學著去接納現實，並持續努力。可以說，「自我調節能力」的發展歷程，正體現了人類情緒走向成熟的過程，這句話一點也不為過。

然而，試想一下：如果一位四十五歲的成年人，在餐廳裡因為餐點稍微晚了點上，就對服務生破口大罵；或者下班回家，看到家裡不如預期整潔，便對伴侶大發雷霆——這樣的人，他的延遲享樂與挫折容忍力，又能算是成熟嗎？儘管他們的年齡、知識、技能與生活經驗，可能遠超過前面提到的五歲或十五歲的孩子，但在情緒發展與成熟度方面，卻很難說他們達到了相應的水平。

克服耐心極限的訓練

對於那些前額葉皮質理應早已發育成熟，卻仍然在自我調節上面臨困難的成年人來說，就需要透過刻意練習，來提升相對落後的情緒成熟度了。下一次，當你感覺到怒氣升起時，請先仔細地自我檢視：你之所以生氣，究竟是因為對方的過錯確實造成了你的損失或不公，或者更多是源於自己情緒調控能力的不成熟？倘若是後者，那麼你就必須有意識地訓練自己，學習如何更好地掌控脾氣。

當憤怒感來襲時，「深呼吸」可說是最基礎、也最直接有效的自我調節方法之一。如同我在本書前段曾詳細介紹過的，只要每天早晚固定練習約五分鐘的呼吸法，久而久之，你就能在那些「氣得火冒三丈」的關鍵時刻，更好地穩住情緒，並以較為成熟的方式來應對。

在此推薦一個初學者也能輕鬆掌握的「4-2-4 呼吸法」。練習時，請放慢呼吸節奏：用鼻子緩緩吸氣，默數 4 秒；接著，屏息 2 秒；然後，用嘴巴慢慢吐氣，至少 4 秒（吐氣時間可以稍長一些）。過程中若有雜念飄入，只須溫和地將注意力再次拉回到一吸一吐之間，感受氣息流經鼻腔、氣管、深入肺部與腹部，再被緩緩呼出的完整過程。吐氣時，讓全身徹底放鬆。你也可以在吐氣的同時，在心中對自己說：「我可以處理好這個狀況。」（類似先前在「燙手山芋技巧」中提到的練習）

為何需要在平時就預先練習呢？因為等到真正怒火中燒時，才臨時想靠深呼吸來調整狀態，往往並不容易做到。因此，建議各位可以特別練習：一旦感覺到「火氣快要上來了」，就立刻啟動「4-2-4 呼吸法」。透過這樣即時的練習，你的呼吸就能較快地受到調控，你也會感覺到那股激昂的情緒，似乎被有效地壓了下來。

深呼吸可以視為是身體向大腦傳遞訊號的一種方式。當呼吸變得深沉而緩慢時，我們的心跳速率會隨之降低，肌肉得以舒展，進入更放鬆的狀態。這個放鬆的身體狀態，會反過來向處於緊繃的大腦發出信號：「現在並非危險或需要亢奮的時刻。」它等於是在告知大腦邊緣系統中的杏仁核（負責處理威脅感）警報解除，同時也指示自律神經系統降低交感神經的活躍度，並提升副交感神經的作用，使身心恢復平靜。這種身體與大腦之間的溝通模式，如同任何技能一樣，愈是勤加練習，運作起來就愈加順暢。情緒的成熟是一生的功課，希望透過這樣簡單的呼吸練習，幫助各位將情緒成熟度提升至新的境界。

讀到這裡，你是否回想起某些因一時控制不住怒氣而情緒爆發的時刻呢？尤其是在育兒過程中，我們往往更容易觸碰到自我調節能力的極限。與孩子「纏鬥」了一整天後，所剩無幾的耐心瞬間就能消耗殆盡，也常常在發過脾氣後，望著孩子熟睡的臉龐，才開始自問：「我剛剛為什麼要那麼生氣？」心中充滿了後悔與愧疚。確實，對孩子時刻保持耐心極其不易，但這卻是為人父母應當時時自我提醒、努力修煉的課題。

學會等待片刻，學著接納、包容孩子真實的樣貌，這份「忍耐」背後，蘊藏了無私的愛。相對地，許多時候我們的「不耐煩」，其背後往往潛藏著比較心態——期望自家孩子比別人更優秀、更出色的欲望；再往深層探究，驅動這份期望的，可能更多是源於父母自身渴望被肯定、希望獲得「好家長」認可的私心。

在我們的生活中，或許沒有什麼比維繫「關係」更需要耐心的了。尤其面對你愈是深愛的人，就愈要學會放下自身的欲求與焦躁，以更多耐心和愛心去對待。當我們能這樣做時，那些可能對彼此造成傷害的摩擦與衝突，自然也會隨之減少。

以下這首歌曲的歌詞，細膩地描繪了愛的諸多特質。試想，如果我們能透過共同的努力與練習，在關係中涵養出如同歌詞所頌揚的那般成熟的愛，那麼，我們夫復何求呢？

愛總是耐心的
愛總是溫柔的
愛是不嫉妒
不自誇，也不傲慢
……
愛是凡事包容
凡事盼望、凡事相信、凡事忍耐
愛是永遠不變

信任、希望與愛
會永恆直到世界的終點
信任、希望與愛之中
最偉大的是愛

——《哥林多前書》第13章，鄭斗榮作曲

Part 4

就算跌倒，也要一步一步往前走

失敗不是損失，而是機會

人會失敗的真正原因

人們常用「只走花路」*這句話來表達祝福。倘若人生真能如此，漫步在鮮花錦簇的大道上，該有多麼美好？然而，即便不奢求花路，只盼望平坦順暢，我們卻總會遇上碎石遍布、荊棘叢生、泥濘難行，甚至是無路可走的困境……有好幾次，幾乎因此癱軟在地、泫然欲泣。有時，會因一時踩空而滑倒，或因絆到石頭而跌跤，又或是撞上意想不到的阻礙而摔得不輕。

在這條人生的道途上，你是否也曾跌倒過？生命中，那最令你刻骨銘心的挫敗，發生在什麼時刻？想必每個人都曾有過難以忘懷的挫折經驗，或許是考試失利、戀情告終、升遷無望、

* 意指行走於繁花盛開、一路順遂的道路。

職場突遭解僱、經商失敗，抑或是婚姻破裂等。正如俗話所說：「不經一番寒徹骨，焉得梅花撲鼻香。」沒有誰的人生，能夠永遠一帆風順。

偶爾，你會不會希望人生能像組裝家具一樣，附帶一份說明書？只要照著指示步驟一、二、三……到最後一步「喀噠」一聲，完美組裝出零失誤的成品。然而，人生並非制式的組合家具，反而更像是設計師費心手作的家具；設計師嘔心瀝血，一次又一次地繪圖、拭去、修改，這裡細細修飾，那裡反覆打磨，最終才完成那件世上獨一無二的作品。

不僅是自己，許多人也期望孩子能過上安穩順遂、沒有失敗的人生，就像組合家具有著明確的公式可循。然而，即便生活真的能參照說明書進行，在漫長的人生旅途中，我們也難保一次都不會跌倒。每個人都曾遭遇過大小不一的失敗，有些痛苦的經歷甚至會留下難以撫平的創傷。即便如此，我仍想告訴各位：請不要試圖逃避失敗。為什麼呢？

預測會失敗的柔軟態度

第一個原因，是因為人生本質上就是一段學習的歷程。試問，在學習之路上，真有可能完全不犯錯嗎？剛出生時，我們一無所知，甚至連自己的頭都無法好好挺立。是經過了數不清的嘗試與失敗，才一步步學會了抬頭、翻身、爬行、坐穩、站立，乃至於行走。如今我們掌握的每一項熟練技能，都是無數學習與練習累積的成果；當下的我們，也依然處在持續學習和成長的階段。說到底，學習本身就離不開「反覆試驗」（Trial and Error），也就是必須透過嘗試與從失敗中汲取經驗，才能真正學會。

許多事業有成的企業家也深知，開創十項事業，最終能獲得成功的，往往僅有一項。以全球知名的企業家伊隆·馬斯克（Elon Musk）為例，他正推動著移民火星的太空船研發計畫，為此匯聚了該領域的頂尖人才。即便如此，馬斯克也曾表示，他不認為這項計畫能夠一次到位。實際上，他的火星探測太空船「星艦」（Starship）就經歷了一再的失敗與爆炸。在歷經四次挫敗後，終於在二〇二一年五月第五次試飛時，首次取得了階段性的成功，後續更挑戰進入太空軌道。正是因為馬斯克預料到過程不會一帆風順，甚至對失敗有所準備，他才能在遭遇挫折時處之泰然，並堅持不懈地繼續前行。

確實，也有許多人會避免碰觸那些可能失敗的事情，這樣一來，他們往往只能選擇幾乎不會失手的事物，生活範圍因而變得非常狹隘且受限。然而，世界變化的速度極快，如果只接觸不會失敗的事、始終停留在自己熟悉的舒適圈，最終必然會被時代的洪流所淘汰。想適應急遽變化的現實生活，我們就必須持續學習、成長，在過程中也無法避免失敗。

跌倒，才懂得如何再次站起

我們不該逃避失敗，反而要勇於面對的第二個理由，與未來社會的特徵緊密相關。展望二十一世紀中後期，我們最需要具備哪些能力呢？在美國教育界，經常強調二十一世紀必備的四項關鍵能力（即 4C's）：創造力（Creativity）、批判性思考（Critical Thinking）、合作能力（Collaboration）以及溝通能力（Communication）。

未來，將不斷湧現當前難以想像的新問題。因此，我們需要具備批判性思維，去分析那些沒有標準答案的狀況，並運用新穎、創新的想法來尋求解決方案。此外，愈來愈多複雜的問題將難以獨力解決，這使得溝通與合作的能力變得格外重要。而在眾人集思廣益、共同處理複雜難題、學習新知的過程中，勢必會經歷許多的嘗試與挫敗。

要順利適應未來社會，首要特質就是「復原力」（Resilience）。就像一顆球掉落地面後會反彈回來一樣，復原力指的是當我們遭遇失敗、考驗、創傷、逆境等困頓狀況時，能夠自我調適、回復常態的能力。

然而，試想一下，如果某個人擁有非凡的創造力，但復原力卻極其欠缺，那會發生什麼事呢？當他嘗試運用創新點子挑戰新事物時，失敗的次數也可能因此增加；在這種時刻，若是缺乏足夠的復原力，他是否還有辦法重新站起來呢？或許，相較於勇於嘗試本身，「從失敗中重振旗鼓」的能力更為關鍵。那麼，如此重要的復原力，究竟該如何培養起來？

我來到美國後才首次學習滑雪。因為自認運動神經還不算太差，所以第一天就跟著兩位朋友，直接上了標示為藍色的中級滑雪道。可是，當我從滑雪纜車下來，半蹲著往坡下一看時，那景象簡直像是懸崖！（聽聞美國的滑雪坡道普遍比韓國的更為陡峭）

然而，那對情侶朋友根本沒多看我一眼，便逕自雙雙滑了下去。被孤單留下的我，猶豫了片刻，心裡想著：「總不能就這樣哭出來吧？既然都已經上來了，硬著頭皮也要滑下去啊！」於是，我便朝著那看似懸崖的雪坡前進。學過滑雪的人肯定深有體會：初學者不僅跌倒時容易受傷，而且一旦摔倒了，在沒有旁人協助的情況下，想獨力重新站起來其實相當不容易。

那一趟，與其說我是從坡道上「滑」下來的，不如說是跌跌撞撞「滾」下來的，過程中還摔了好幾跤。因此，最後我真正掌握的，並非滑雪的技巧，而是「如何在跌倒時避免受傷，並且能迅速重新站起來」的訣竅。神奇的是，自從學會了這點，那種對跌倒的恐懼感竟消失得無影無蹤，滑雪也隨之變得充滿樂趣。

拜這次經驗所賜，雖然我的臀部、大腿等部位都布滿了瘀青，但我深刻體會到：跌倒了再站起來就好，根本沒什麼好怕的。後來在第二次滑雪時，我不僅成功挑戰了黑色的高級雪道，甚至還誤打誤撞闖進「專家級」的滑道。正是因為我克服了對於跌倒的恐懼，才能夠毫無罣礙、如此快速地學會滑雪。

一旦學會了如何在跌倒後重新站起來的方法，你自然會變得更加勇敢。當復原力足夠強大時，你就不會再懼怕失敗。那麼，該如何才能強化這種從跌倒中重新站起的力量呢？答案其實很簡單：你必須先親身經歷跌倒，才能體驗重新站起來的過程，並且從中學會好好站起來的方法。

一個從來沒有跌倒過的人，在首次跌倒時能順利站起來嗎？從未經歷過失敗的人，長大後往往會因為一點小小的挫敗就受到嚴重打擊，當然也很難快速復原。相反地，如果一個人擁有豐富的、從跌倒中重新站起的經驗，他會明白天無絕人之路，跌倒並不代表終結，只要重新站起來就行了。因此，各位所經歷的失敗，不該被視為一種損失或挫折，而更像是一次「東山再起」的訓練，是為了邁向下一個更高階段所必經的過程。

重新框架：視失敗為契機之後

你是否聽過，有些人遭遇重大事故或慘痛失敗後，反而變得更加堅強的故事？這種現象稱為「創傷後成長」（Post-Traumatic Growth）。以我自身為例，在經歷過一段因病痛導致日常生活幾乎瓦解的日子後，我確實成長了不少，心智也變得更加成熟。若一個人能看見失敗過程中潛藏的積極面，就有機會在跨越康復的關卡後，獲得長足的進步與成長。要實現這一點，我們需要轉換固有的思維模式，重新設定看待失敗的框架，不再將它定義為「損失」、「挫敗」或「落後於人」，而是視之為「機會」。

如同我先前曾提及的，我在結束實習醫師訓練後，報考精神科住院醫師卻未能通過。這是我人生中第一次嘗到如此巨大的失敗滋味，對我產生了極大的衝擊。對於一個立志成為精神科醫師、為此完成了四年醫學院課程及實習訓練的人來說，這個結果簡直有如晴天霹靂。當同學們都在慶祝順利錄取時，我卻深陷沮喪，茫然不知所措，最終甚至在協助開刀、擔任手術助手時，忍不住淚灑手術房。

然而，那次的失敗竟成了我人生的轉捩點，將我帶到美國，並最終讓我在這裡圓了成為精神科醫師的夢想。為了通過美國醫師執照的五階段考試並累積研究經驗，我的住院醫師生涯確實比同儕晚了整整兩年才展開。可是，若將眼光放遠，從整個人生的尺度來看，這段延遲並不能算是一種「損失」（Loss）；結果證明，那次考試的失利反而為我開啟了另一扇機會之門，成為助我邁向更寬廣世界的墊腳石。

這樣看來，這真的能被定義為「失敗」嗎？失敗往往將我們推向一個意想不到的境地，迫使我們不得不去規畫原先未設想過的「B 計畫」。但也正因如此，我們反而獲得了練習「跳脫既有框架思考」（Think Outside The Box）的機會，而這往往就是開啟未曾預料的機遇之關鍵。

這次失敗的經驗送給我的另一份禮物是，它讓我深刻體悟到「當一扇門關上時，必然會有另一扇門為你打開」這個道理。因此，我不再像從前那樣害怕失敗。就算未來因為人生中無法預期的考驗而跌倒，我也不至於陷入絕望，因為我心中已然明瞭：在那之後，必定會有另一扇充滿希望的門等著被開啟。

我從中學到了什麼？又該如何再次前行？

發明大王愛迪生，堪稱是世上經歷最多失敗的人物之一。據傳，他為了發明燈泡，嘗試失敗了近萬次。當旁人不解地問他，為何執著於做這些注定失敗的事時，他是這麼回答的：「我從未失敗過。我只是發現了一萬種無法運作的方法。」

愛迪生正是透過重新設定框架，將每一次失敗都視為學習新知、獲取信息的契機。他這種積極的態度，難道不正是他眾多天賦中，最為關鍵的一項嗎？能夠承受接連不斷的失敗，並鍥而不捨地持續嘗試，這絕非易事。正是因為他將失敗看作是通往進步的機會，才能坦然面對並擁抱無數次的試驗與挫敗。愛迪生比任何人都更清楚一個真理：任何偉大的成就，都不可能一蹴而就。

當你失戀心碎時，是否也會陷入負面想法，覺得「我果然不行，根本不該談戀愛……這樣下去肯定一輩子單身」，因而感到萬念俱灰？請千萬別這樣想。要把失戀看作一個學習與成長的過程，它的發生，是為了幫助你最終遇見更契合的人生伴侶。就像愛迪生找出一萬種行不通的方法後，並未放棄，而是繼續嘗試更優化的方案一樣；你也該冷靜反思，為何與前任未能走到最後，並據此調整下一段感情的策略與方向。

我過去也非常害怕失戀，擔心會遇到不適合的人，所以乾脆選擇不去約會。然而，經歷了幾次不怎麼成功的約會後，我逐漸明白，其實合不來也沒什麼大不了，下次不再見面就是了。在這個過程中，我更清楚地認識了自己，也更瞭解自己適合怎樣的對象。當然，我也確實經歷過令人心痛的分手，雖然曾度過一段非常難熬的時光，但傷口終究會慢慢癒合。當我重新敞開心扉去認識新的人，並在尋覓等待中幾乎快要耗盡心力時，我遇見了現在的伴侶。正是因為我在過往一次次的嘗試與失敗中不斷學習和成長，才讓我在遇見他時，心中有份篤定：「我能和這個人好好走下去。」

我們未來的人生還很長，就算此刻你覺得已經走到了絕境，機會也總會再度降臨。因此，我真切地希望，你不要因為某一次嘗試的結果不如人意，就此將自己深鎖在失敗的牢籠裡。請試著把它當作一次學習和進步的機會，一點一滴地，重新讓你的身心活動起來。當情況糟糕得讓你感到絕望時，請先起身，好好吃一頓飯，睡個安穩的覺，然後再重新跨出微小的步伐，而不是從此打退堂鼓。然後，每當你跌倒時，請記得問自己兩個問題：

「從這件事中，我可以學到什麼？」
「以此為起點，我該如何再次成長呢？」

請別忘了，我們誕生於世界上，並非注定要追求成功，而是為了不斷地成長。即使是被腳下的石頭絆倒的那一瞬間，各位其實也正在成長。我衷心期盼，透過「重設框架」這個視角，各位未來都能用更坦然、更從容的心態，去迎接人生中那些無法避免的失敗。那個在跌倒之後重新「站起來的我」，必然就是「在成長中，一個更進步的我」。

跌倒時的「應該」與「不應該」

藉由失敗培養復原力的具體方法

無論是個人或組織，能達成非凡成就者，往往具備高度的復原力。因為擁有良好的復原力，即使遭遇問題、無法一次成功，他們也會選擇重新挑戰，而非輕易放棄。先前我曾提到，若想培養復原力，就得勇於嘗試、不畏失敗。然而，這絕不意味著要你盲目地讓自己反覆陷入失敗的境地。那麼，究竟該如何正確地「經歷」失敗，才能從中有效地獲取復原力呢？

全神貫注在「跌倒的自己」身上

為了學會如何在失敗後重新站起，有一點我們必須特別留意：人在失敗時，本能地會去觀察旁人的反應，或將自身處境與他人比較。就像有一次，我從滑雪纜車摔下來，痛得我以為尾椎骨都裂了，但當下更強烈的感受是「大家都在看我，好丟臉」，於是只能狼狽地趕緊爬起來。

很多時候，比起跌倒造成的實際疼痛，我們或許更在意他人的眼光。接著，我們會下意識地去看那些沒有跌倒的人走到哪裡了，內心感到羞愧，想著「別人早就走遠了，我怎麼還在這裡？」，自信心瞬間崩塌。在受挫時，一味地觀察他人、與人比較，這種心態對我們重新站起來毫無助益。摔得愈重的時候，愈需要將全部的注意力集中在自己，以及自己想前進的方向上。

克服失敗，耐心是關鍵

我們必須認知並坦然接受：復原需要時間，請不要期望一蹴可幾、瞬間改變。我們該做的，是專注於確保今天比昨天有進步，明天又比今天再好一些，並拿出恆心與毅力，持續練習如何重新站起來。

當我因突發的自律神經失調而申請留職停薪時，天真地以為只要休息幾個月、專心接受治療就能康復。未料病情反而加劇，恢復速度遠不如預期，最終花了五年多的漫長時間，才逐漸重返正常軌道。在那段日子裡，每當我急切地催促自己快點好起來，身體卻總是不聽使喚，這反而讓我更加沮喪、瀕臨絕望。就像手上劃開的一道小傷口，也需要時間才能癒合，並不會因為你的催促就加速復原。生命中有些考驗，其療癒過程本就需要漫長的時日，我的狀況正是如此。直到我終於放下焦躁的心，憑藉著毅力與耐心，日復一日地做出微小的努力，纏身的症狀才總算漸漸緩解。

在你有熱情的事物上經歷失敗

接下來我想強調一點：既然失敗難以避免，那麼，與其在不情願的事情上受挫，不如選擇在自己真心想做、懷抱熱情的事情上遭遇失敗。當然，即便是在自己熱愛的事物上屢屢碰壁，挫敗感仍會不斷累積，自信心也可能因此消磨。畢竟，就算你一開始就做好了「十次嘗試裡大概九次會失敗」的心理準備，失敗本身終究還是令人難受的。

但試想另一種情況：倘若你是因為聽從父母安排或他人建議，投身於一件自己根本不感興趣的事，結果還失敗了，那又會如何？很可能，你首先感受到的是滿腹委屈，接著便開始歸咎他人：「都是你們叫我做這個，害我現在這麼慘！」——你的心思都放在了責怪上，而不是優先思考「接下來該怎麼辦？如何才能重新站起來？」。

因此，既然許多嘗試終究可能徒勞無功，我衷心希望你能選擇走在自己真心渴望的道路上。當你投身於自己真正想做、充滿熱情的事情時，即使遭遇失敗的痛苦，也比較能承受；而且，因為這是你自己選擇的路，再怎麼辛苦，也不至於感到過分的委屈。將來回首檢視自己經歷過的種種失敗與一路走來的成長軌跡時，內心感受到的將會是踏實與充實，而非遺憾與後悔。所以，如果你正投身於某項挑戰，我建議你再次審視：這條路，是否真是你心之所向？這份挑戰，對你而言是否具有深刻意義？

無論是住院醫師考試失利那時，還是後來因突發疾病而人生被迫轉彎的時刻，我都曾深陷沮喪與絕望。尤其是被告知罹患不治之症、必須與病魔長期搏鬥的那段歲月，箇中艱辛我絕不想再經歷一次。然而，值得慶幸的是，對於在那之前的生命歷程，我了無遺憾。因為我始終在做自己想做的事，義無反顧地奔向自己選擇的方向，並對這趟旅程心懷滿足——這份「不後悔」，在艱難時期給予了我莫大的慰藉。

時光荏苒，如今回首，我可以篤定地說，比起過往的自己，現在的我確實成長許多，也變得更加強韌。這份轉變，源於我看待自身以及觀察世界的眼光，變得更加清澈、更加開闊。正因如此，相較於遭遇困厄之前的那個「池羅英」，我更深愛著、也更為此刻的「池羅英」感到驕傲。

多去經歷「可承受範圍內」的失敗

在挑戰可能失敗的新事物時，還有一點務必留意：有兩種類型的失敗，是你必須極力避免的——其一是會對他人造成傷害的失敗，其二是因你盲目地「梭哈」、不計後果地投入而導致的失敗。請多方嘗試那些「即便失敗了，後果也在你可承擔範圍內」的挑戰。英語中有個說法叫「Bite-Sized Failure」，指的就是這種規模適中、宛如一口就能吞下的小失敗。倘若投入過多資源與時間的挑戰最終以失敗告終，你可能會難以承受，也很難重新振作。尤其當涉及金錢時，更須格外謹慎。務必預先準備好應對計畫，確保自己能在失敗後有東山再起的本錢，同時也避免波及他人。

長久以來，我們總是被教導「不能跌倒」，並被灌輸「失敗是無法挽回的災難」這樣的觀念。然而，失敗真的沒那麼嚴重。恰恰相反，在追求卓越成就的道路上，失敗反而是不可或缺的一環。因此，也請鼓勵孩子去挑戰那些可能失敗的事物，而不是教導他們如何規避失敗。畢竟，只有真正跌倒過的人，才知道如何憑自己的力量重新站起來。

當失敗真的來敲門時，請將它視為一個成長的契機，它終將使你的人生更加堅韌、更加豐盛。請學著坦然接納失敗，運用智慧度過難關、克服困境。或許，用不了多久，各位便能以一個更成熟的樣貌，譜寫出人生的嶄新篇章。

給無法容忍失敗的人們

完美主義者的犯錯遊戲技巧

如果孩子學期初跑來跟你說：「媽，我想參選學生會長！」你會怎麼回應？有位母親坦言，因為評估孩子當選機率不高，她過去會在討論時，不著痕跡地引導孩子打退堂鼓。然而，聽完我那場關於「鼓勵失敗」的講座後，她深感懊悔，並表示下次絕對會鼓勵孩子去試試看。

事實上，我們從小所受的教育，就是「不能失敗」。父母們無不期望孩子長大後，即使跌倒了也能自己爬起來；可一旦孩子真的面臨可能失敗的關頭，父母往往自己先亂了陣腳。看見孩子失敗會讓他們心疼不已，於是下意識地想方設法，預先剷除掉那些可能導致失敗的機會。

也有些母親會憂慮，孩子若一再經歷失敗，會不會變得意志消沉、失去動力。為人父母，有這種擔憂實屬人之常情。然而，失敗之所以會成為毒藥，很大程度上，正是因為我們從小就被教導它是一種毒藥。

白手起家、二十七歲便躋身億萬富翁行列的莎拉·布雷克里（Sara Blakely）——美國知名女性內衣公司的創辦人——在被問及成功祕訣時，分享了她童年的一段經歷。她父親常在晚餐時問她：「這週，你嘗試了哪些失敗的事情呀？」如果她回答像是「我去試鏡排球隊，結果落選了」或「鋼琴一直彈錯，練不好」，父親非但不會責備，反而會興高采烈地說：「哇，我女兒太棒了！做得很好！」然後跟她擊掌，大力稱讚一番。

相反地，要是她回答這星期沒有什麼失敗的嘗試，父親反而會顯露失望的神情。在這樣的耳濡目染下，年幼的莎拉勇於嘗試自己並不擅長的事物，也逐漸理解到，即使中途失敗了也無傷大雅。她表示，如今回想起來，這些童年經驗正是奠定她日後成長的基石，讓她成為一個不畏懼失敗、勇於挑戰艱難的人。

誠然，失敗的經驗對任何人而言，都伴隨著心酸與痛苦。然而，若是我們能學會接納失敗，將它重新定義為一條「通往成長之路」，而非一個恥辱的「失敗標籤」，那麼不僅失敗帶來的挫折感得以減輕，我們也能從中汲取重新站起的力量。既然如此，我們該如何著手，才能真正改變自己面對失敗的態度，並且引導孩子們也理解「失敗即是成長」的道理呢？

我們為何如此懼怕犯錯？

事實上，想逃避挫折可謂是人類的本能。源於內心的「害怕」，我們傾向於迴避不擅長的事物，以及「要做，就必須做到完美」的心態。如同先前所闡述的，恐懼感深植於人性之中，是為了應對危險、確保生存所必需的基本情緒。

回溯史前時代，犯錯或失敗的後果，往往直接攸關生死存亡。例如，一時的魯莽，無畏地衝向猛獸可能招致殞命；又或者，一次判斷失誤，輕率嘗試危險行徑，可能導致受傷、感染，最終喪失性命。

然而，在現代社會，這類因犯錯而危及生命的狀況已極為罕見。儘管如此，我們的大腦依然殘留著遠古的印記，本能地懼怕並試圖逃避錯誤與失敗，彷彿一旦做錯了什麼，就會大難臨頭、命不久矣。當然，在涉及人身安全或可能傷害他人的情況下，我們確實必須竭力避免犯錯。但若排除這些特殊狀況，在日常生活中跌倒、犯錯或遭遇一般性的失敗，其實並無大礙。我們必須深刻認知到：人類正是在不斷犯錯的過程中學習與成長的——而這個重要的觀念，也務必要傳達給我們的孩子。

我曾聽聞一個關於三十六個月大孩子的故事，他的父母很擔心孩子顯露出的完美主義傾向。這孩子是等到確認自己不會跌倒後，才願意開始學走路；他也不喜歡堆積木，因為討厭看到積木垮下來。面對像這樣極度害怕失敗的孩子，我們是否也能引導他們積極地去「嘗試失敗」，而非一味逃避犯錯呢？

我在兒童精神科實習、學習遊戲治療的那段期間，發現放下身段、和孩子們打成一片並不困難。由於在韓國長大，我對美國小孩玩的遊戲不甚熟悉，所以常會坦率地問：「這個遊戲我沒玩過耶，可以請你教我怎麼玩嗎？」孩子們平時習慣了由大人來主導和教導，當看到有大人反過來向他們請教時，往往顯得格外興奮，並且會很自豪地教我玩遊戲。

同樣地，父母在和孩子玩新遊戲時，不妨也這樣說：「媽媽（爸爸）也是第一次玩這個，不太會耶，我們一起研究看看怎麼玩吧！」更重要的是，請父母們在日常生活中，多多分享自己「不知道」或「做錯了」的經驗，持續不斷地向孩子傳遞這樣的訊息：「大人也不是完美的，當然會犯錯，也會有做不來的事情」、「沒關係，邊做邊學、邊練習就好」。

一味地教孩子逃避犯錯和失敗，就好比叫他們停止長大一樣。請務必鼓勵孩子，並讓他們明白：犯錯和失敗，本就是成長過程中必然會經歷的事。此外，當孩子真的犯錯時，請溫和地告訴他：「沒事沒事，人都會犯錯的，我們再試一次就好。」實際上，有位母親在聽完我的演講後，便是如此回應孩子的失誤。結果有一天，換成是這位媽媽不小心打翻了杯子，孩子反而先跑過來安慰她說：「人都會犯錯呀，沒關係，擦乾淨就好了！」

也有其他家長分享，他們會在孩子遭遇失敗時告訴孩子：「失敗就像幫助你長大的維他命哦！」結果，即使孩子的足球隊輸了比賽，他也能笑著對媽媽說：「媽，我今天踢得還不錯吧？輸了也挺好的，對不對？而且比賽完喝水感覺特別甜！」另一個孩子則說：「媽，今天有聽寫測驗，不過就算寫錯也沒關係，因為你說過失敗是好事嘛！」孩子們如何看待失敗，很大程度上取決於父母及身邊的大人如何向他們闡釋失敗的意義。

完美主義者的矛盾意向法

一般而言，高度焦慮的人容易擔憂各種負面結果，而這些擔憂往往又會衍生出更多的擔憂，形成惡性循環。例如，若隔天有重要簡報，這類人便會感到格外緊張、恐懼，不斷煩惱著「萬一報告搞砸了怎麼辦？」。若任由擔憂蔓延，他們甚至會想像出愈來愈糟糕的情節，最終腦海中只剩下「明天報告肯定完蛋了」這樣最壞的畫面，並為此深感痛苦。這種極端想像、自尋煩惱的思考錯誤行為，就是之前看到的「災難化」，意指提前擔心未來可能會發生的不尋常情形或災難性狀況。

有一種稱為「矛盾意向法」（Paradoxical Intention）的心理技巧，可用於緩解過度的擔憂與焦慮，由維克多．弗蘭克博士在闡述其「意義治療」（Logotherapy）理論時所介紹。它的核心概念並非試圖壓抑、逃避引發焦慮的情境，而是反其道而行：刻意地期盼、甚至想像自己能更充分地體驗這種狀況。舉例而言，假設某人極度害怕在眾人面前演講，運用此法，他便要下定決心：「好，我今天就要讓大家瞧瞧，我講話能結巴到什麼程度、臉又能紅到什麼地步！」

據傳，曾有一位罹患「社交恐懼症」（Social Phobia）的病人，他在他人面前會無法控制地大量出汗，因此前來求助弗蘭克博士。社交恐懼症的核心症狀，便是在他人面前因害怕舉止失措、顯得愚笨而感到極度焦慮。因此，患者往往會極力迴避各類社交場合，導致難以建立或維持正常的社交生活。

這位病患每當與人接觸時，便會反覆憂慮「萬一汗流得太多，該怎麼辦？」，而這份焦慮本身，反而使他陷入流更多汗的惡性循環裡。不僅如此，即使在平時，他也時常擔憂同樣的窘境再次發生，深受預期性焦慮所苦。

於是，在弗蘭克博士的指導下，他開始運用矛盾意向法進行治療。每當要與人會面時，他便刻意在心中默唸或對自己說：「上次不過流了一臉盆的汗，這次我起碼要流十臉盆！」結果相當矛盾而有趣：據說，自從他下定決心要「任由情況惡化」，而非一味「逃避」那令他恐懼的狀況後，最終竟成功擺脫了困擾他長達四年的多汗問題。

從生理機制來看，當我們感到焦慮時，體內的交感神經會趨於亢奮，使身心進入緊繃狀態。然而，如果此時我們過於緊張，並且一心只想著「這次絕對不能出錯，一定要表現完美！」，便會陷入所謂的「過度意向」（Hyper-Intention）的狀態，反而導致交感神經更加亢奮。試想，在原本就高度緊繃的基礎上，若再持續施加壓力，後果會如何？因此，倘若能反過來想著：「我就讓你們看看我到底有多會搞砸！」藉此大幅降低對「擔憂結果」的關注程度，反而更能有效舒緩緊繃感，讓過度活躍的交感神經平靜下來。

練習犯錯，消除對於犯錯的恐懼

對於那些無法容忍失誤、總是耗費過度心力與時間，力求萬全準備以杜絕任何犯錯或失敗可能的完美主義者，我有段話想與你們分享：「如果你從來沒錯過任何一班飛機，那代表你在機場耗費了太多時間。」

這句話出自諾貝爾經濟學獎得主、經濟學家喬治·史蒂格勒（George Stigler）。我先生恰好就是這類人——由於深怕錯過班機，他連搭國內線都會提早兩、三小時到機場；若是搭國際線，那更是幾乎會在機場泡上一整天。相較之下，我通常只會提前一小時左右抵達，也因此確實有過一、兩次沒趕上班機的經驗。

這位經濟學家的意思是：與其為了百分之百避免錯過班機而總是提早三、四個小時到機場耗著，不如選擇在合理的時間範圍內抵達，即使這意味著一百次裡可能錯過一、兩次——後者其實是更具經濟效益的做法。

我們的人生，或許也該是如此吧？倘若在人生旅途中，你只願意做那些成功率百分之百的事情，這恐怕並非最明智的生活之道，因為你將為了規避失敗而耗損過多的時間與精力。試著去接納：生活中的失敗本就在所難免。就算真的失敗了，也學著對自己寬容一些、溫柔以待。你覺得如何呢？

同樣地，也請告訴孩子：「犯錯了也沒關係哦」、「每個人都會犯錯呀」。孩子愈是害怕犯錯，反而愈應該創造機會，讓他們多多經歷（安全的）錯誤。透過一次次的親身體驗，孩子會逐漸領悟到：「本來以為犯錯就糟糕了，但其實好像也沒這麼嚴重嘛！」從營造「犯錯沒關係」到甚至鼓勵「試著去犯錯看看」的氛圍——在這樣的環境中經歷失誤長大的孩子，反而更能培養出強韌的復原力。

據說，美國佛羅里達州一位攝影學教授，曾以學生為對象做了一項實驗。他將學生分為兩組並指派任務：A 組的目標是盡力繳交品質精良、堪稱完美的攝影作品；B 組則不問品質，以拍攝數量多寡來評分，拍得愈多分數愈高。你認為哪一組最終拍出的好照片比較多呢？出人意料的是，結果顯示：只管大量拍攝的 B 組，最終產出的傑出作品反而遠勝 A 組。比起一味追求完美、試圖拍出驚世之作，那些允許自己拍出不完美作品、但持續不斷練習與挑戰的過程，反而帶來更豐碩的成果。

所以，從現在起，請各位務必拋開那「必須時刻保持完美」的執念吧！當你經歷了夠多次的跌倒，自然會領悟到：跌倒了，天並不會塌下來；而且，你甚至能學會「如何漂亮地跌倒」。懂得這道理的人，即使遭遇失敗，也不易灰心喪志，反而能重新站起，再次迎向挑戰。

我衷心期盼，你能開始享受犯錯過程中的樂趣。每當犯錯時，請練習不要立刻想著：「啊，我完蛋了！」而是轉念告訴自己：「太好了，這又是一條通往成長的新路徑！」能這樣思考的人，生命必定會因此獲得成長，並且走得更遠。

CORE MIND TRAINING PRACTICE

每當自己或他人犯錯、經歷失敗時，請試著以接納與諒解，取代苛責或批評。不必為此感到羞愧或恐懼，請將這些時刻，看作是讓自己成長的機會。

1. 想一想，你是否有想做好卻遲遲未展開的事？是否曾有進行中的事，因過度追求完美而半途而廢？若你接受「失敗是成長之路」的觀點，你將如何回應這些情況？

2. 練習在犯錯之後，與內在的自己進行一場正向對話。提醒自己不必自責、無須貶低，而是將焦點放在如何把這次經驗，轉化為一次成長的契機。

3. 請寫下你從某次失敗或錯誤中，具體學到了什麼教訓。思考如何運用這些學習，確保未來在相似狀況下不再重蹈覆轍，並能藉由新的策略或方法，做出更好的選擇與行動。

學習掌管情緒，不當焦慮的俘虜

木已成舟時，請善用計程車技巧

如同先前所說，焦慮是寫入人類基因的本能反應，是漫長演化過程中，為保護生命而形成的機制。試想，遠古時期住在洞穴的祖先，在聽到草叢傳來沙沙聲響時若沒有立刻警覺、焦慮地想著：「會不會是狼來了？」恐怕早已成了狼的大餐。

我們也曾提過，當人感到焦慮時，交感神經系統會變得亢奮，觸發「戰或逃」反應，進而引發身體一連串的生理變化。此時，肌肉會緊繃、呼吸加速、心跳加快——這一切都是為了讓我們在面對危險時，能迅速做出應對。因此，焦慮本身是一種正常且必要的反應，它幫助我們有效地應對潛在的危險。

何謂「焦慮症」呢？是指在危險實際不存在或風險極低的

情況下，個體卻對特定刺激產生過度焦慮反應。焦慮症有多種類型，包括廣泛性焦慮症、社交焦慮症、恐慌症及特定對象恐懼症等。根據美國焦慮與憂鬱協會（ADAA, The Anxiety And Depression Association Of America）的資料，約有百分之十八的成年人受焦慮症困擾。而依據韓國保健福祉部公布的二〇二一年心理健康實況調查（針對十八歲以上成人），焦慮症的盛行率約為百分之九，亦即每十人中就有一到兩人可能患有焦慮症。

焦慮症患者所經歷的焦慮，其強度遠超乎一般，絕非旁人所說「稍微忍耐一下就好」那麼簡單。它不僅會造成心理的痛苦，也常伴隨明顯的身體症狀。因此，若深受焦慮症所擾，強烈建議確實尋求專業診斷與妥善治療。此外，焦慮與憂鬱經常相伴出現，長期為焦慮所苦的人，有相當高的機率會併發憂鬱症狀；而在憂鬱症患者中，也有約半數表示同時承受著焦慮症狀之苦。

值得慶幸的是，焦慮症是透過適當治療、病情相對容易改善的疾病之一，常見的治療方式是藥物與心理治療雙管齊下。既然現代醫學已有妥善的應對之道，若不及早接受治療，長期辛苦地忍受焦慮症狀，豈不是太可惜了嗎？如果焦慮症狀已對社交或日常生活造成困擾，請務必尋求精神科醫師或心理諮商師的協助。倘若你正為焦慮所苦，但症狀尚不至於嚴重影響生活，接下來我將分享幾個有助於緩解焦慮的方法，這些方法也可在接受專業治療的同時輔助使用。

想起在計程車內的自己

假設你正好有個約會，得出門了，卻突然遍尋不著錢包或手機。眼看時間一分一秒過去，約會就快遲到了，你才終於找到東西，匆忙跳上計程車。如果這是一場面試，而且對你至關重要，此刻你恐怕早已心急如焚了吧？

現在，請想像自己處在這樣的情境裡：你坐在計程車後座，心裡急著想快點趕到目的地，偏偏紅綠燈彷彿跟你作對似地，一個接一個亮起紅燈，你甚至覺得全世界就只有你這條車道塞得特別嚴重。「這樣下去，真的來得及嗎？」、「早知道走另一條路了，司機怎麼偏偏選這條呢？」各種念頭不斷冒出來。

在這種狀況下，焦慮的想法往往會率先占據你的思緒：「完了，面試肯定要遲到了！好不容易得來的機會就這麼毀了，我這次真的完蛋了！」緊接著，身體的反應也隨之而來：心臟狂跳、胸口發悶、盜出陣陣冷汗，全身肌肉也跟著緊繃起來。如果焦慮感持續升高，甚至可能引發胃痛或頭痛。

從搭上計程車至此，時間已經過了三十分鐘。這半小時想必是坐立難安、度秒如年吧？但請仔細思考：在計程車裡焦慮不安，真能讓車子開得快一點嗎？事實是，你人已經在計程車上了。無論內心多麼焦急，對於抵達時間，你能改變的已十分有限。更何況，無謂的擔憂只會耗盡你的心力；如果你因過度緊張焦慮而身心俱疲，就算準時抵達了，恐怕也很難有好的表現。

當我們因焦慮而導致邊緣系統的杏仁核過度活化時，大腦前額葉皮質所掌管的高階認知功能便會隨之下降。一旦如此，你很可能想不起原本熟知的事物，也無法順暢執行平時能做好的事情。因此，與其任由焦慮蔓延，倒不如在計程車裡試著做幾次深呼吸，讓心情平復下來——這才是更為明智的應對之道。

對於那些因各種擔憂而為焦慮症狀所苦的人，我常請他們想像自己正「處在計程車內」——這便是所謂的「計程車技巧」。其核心概念是：感到焦慮並不能讓計程車加速，也無法改善最終的結果。因此，當焦慮感來襲時，你首先必須意識到的是：你的焦慮，其實源自於你緊抓著那些已無法改變的狀況不放，請勿任由自己沉浸在焦慮的思緒裡。你可以試著這樣告訴自己：「哦，看來我遲到了，現在正一個人困在這計程車裡窮擔心。」對於木已成舟的事實，再多的後悔與擔憂都於事無補——先接受這一點，然後，再參照後續的方法練習讓自己平靜下來。

當你放鬆身體時，焦慮也會隨之消散

我提過，當焦慮來襲，不僅不安的思緒與情緒會湧現，身體也會因交感神經亢奮而出現一連串反應，對吧？像是頭部隱隱作痛、後頸僵硬、全身肌肉緊繃，彷彿隨時準備戰鬥或逃跑。請想像一下，如果這種緊繃狀態不是只持續三十分鐘，而是數小時、數日甚至數月，身心將會是何等疲憊。我自己罹患自律神經失調，雖然病因與焦慮不同，但身體卻時常經歷類似的交感神經過度亢奮狀態，那種折磨讓我深切體會，焦慮所伴隨的疲勞與痛苦有多麼真實。

在精神科受訓時，我學到一項關於焦慮的重要原理：焦慮的念頭，難以在一個「放鬆」的身體裡長時間停留。因此，當你感到焦慮時，請先運用「計程車技巧」告訴自己：「是的，我現在正感覺焦慮，就像困在計程車裡。」接著，開始深呼吸，並有意識地去放鬆你的身體。你會發現，很奇妙地，當身體逐步放鬆下來，盤旋腦中的焦慮念頭或不安情緒也會隨之緩解。

首先，找個舒適的姿勢坐好；若環境允許，躺下也可以。緩緩閉上雙眼，進行幾次深長的吸氣與吐氣。接著，從頭頂開始，逐步向下，慢慢釋放身體各部位的緊繃感。配合著鼻子呼吸的節奏，有意識地放鬆頭皮、眉心，以及雙眼後方的肌肉。也別忘了放鬆你的顎部關節（顳顎關節），因為焦慮時我們常不自覺地緊蹙眉頭、咬緊牙根，使得這個部位格外容易緊繃。

繼續放鬆你的後頸與雙肩——除了以意念放鬆，也可輔以雙手輕輕按摩。試著轉動幾下肩膀，舒緩累積的僵硬感。依循從頭到腳的順序：頭部、肩膀、手臂、雙手、指尖，乃至胸腔、背部、腹部、臀部、大腿、膝蓋、小腿、腳背，直到腳趾末梢，逐一且徹底地鬆開每一個部位。

若你覺得「不知道怎麼放鬆肌肉」，可以試試這個方法：先刻意地、盡可能地繃緊你想放鬆的那組肌肉群，維持大約十秒鐘，然後再完全鬆開。這樣通常會更容易感受到放鬆。例如，你可以用力皺緊眉頭、保持十秒，直到感覺無力再緊繃時，瞬間放鬆。或者，用力握緊拳頭，直到極限，然後突然鬆開。肌肉在經歷了刻意的強力收縮而感到疲勞後，往往能更輕易地進入深層的鬆弛狀態。像這樣依序繃緊再放鬆全身各部位肌肉群的方法，就稱為「漸進式肌肉放鬆法」（Progressive Muscle Relaxation）。完成一次全身練習通常需要十到十五分鐘，是孩子們也相當喜歡的放鬆技巧。

當你的身體隨著呼吸徹底放鬆下來，盤據心頭的焦慮思緒與感受也將逐漸消退，彷彿身體正在向大腦傳遞訊息：「我現在很平靜，並不焦慮。」如果在吐氣時，輕聲對自己說「我很平靜」，效果會更好。如此一來，有助於減弱交感神經的作用，同時提升副交感神經的活躍度，進而逐步緩解各種因焦慮而起的身體不適。

「計程車技巧」的關鍵在於：你必須深刻體認到，當焦慮來襲時，無謂的擔憂並不能改變或改善結果——換言之，要清楚認知到，那已非你能掌控的局面。告訴自己：「木已成舟，我人已在計程車上。在行進中的車裡焦慮不安，於事無補。此刻，讓內心平靜下來，才是對我最有益的選擇。」僅僅是釐清並接受這一點，往往就能顯著減輕內心的焦慮感。

釐清了這一點後，下一步便是在想像的計程車裡閉上雙眼，開始深呼吸、放鬆全身肌肉。你會逐漸感受到，身與心的緊繃和焦慮感隨之消融。至此，各位再也不是被焦慮感所挾持的俘虜，而是懂得如何駕馭焦慮的領航者（船長）。既然如此，現在就把行車的掌控權安心交給司機，平穩前行吧！

即使患有恐慌症，仍能過著美好生活

一切都會過去的，微風技巧

近來，據聞被診斷患有「恐慌症」（Panic Disorder）的人日益增多。恐慌症屬於焦慮症的一種，其特徵是頻繁且無預警地出現「恐慌發作」（Panic Attack），患者更因不知下次發作何時到來，反覆經歷強烈的預期性焦慮，導致日常生活受到嚴重干擾。根據《美國精神疾病診斷與統計手冊》所述，恐慌症的盛行率約為百分之二至三*。

不同於一般因擔憂特定事件（如擔心面試遲到）而產生的焦慮，恐慌發作往往突如其來、無法預料，發作時不僅伴隨著胸痛、呼吸困難、心悸、頭痛、暈眩、手腳麻痺等多種生理不適，

* The Diagnostic and Statistical Manual of Mental Disorders (DSM-5), 2013.

更會感受到宛如瀕死般的極度焦慮與恐懼。此外，恐慌發作較常發生於公共交通工具上、汽車或電梯這類密閉空間裡。

即使是沒有診斷為恐慌症的人，一生中也可能經歷一、兩次恐慌發作。事實上，我自己曾有過非常類似的經驗。那時，我的自律神經失調狀況稍有好轉，正因準備搬家而和先生四處看房子。其中一間是空置了大約一年的屋子，當我推開門走進去時，沒想到竟猛地撞上一張蜘蛛網，我忍不住尖叫出來。

然而，尖叫過後沒多久，我的心跳開始急遽加速，胸口一陣緊縮，難受到幾乎站立不住，最後只能就地躺下。當時腦袋裡明明想著：「搞什麼，不過是張蜘蛛網啊！」但身體的反應卻激烈得彷彿剛從炸彈襲擊、碎片四射的險境中死裡逃生一般。就我的狀況而言，這次經驗源於自律神經系統的功能異常，並非焦慮症所引起，但其症狀表現與恐慌發作極為相似，是一次相當痛苦的經歷。

我可能是恐慌症嗎？

經歷第一次恐慌發作的人，往往會因為出現劇烈的心臟疼痛、呼吸困難等症狀，感覺自己彷彿瀕臨死亡，驚恐地前往急診室求助。然而，緊急檢查結果通常顯示身體一切正常、並無異狀。在經歷數次類似的狀況後，他們才可能被診斷為恐慌症，而非心臟或肺部等器官出了問題。

一旦有了幾次恐慌發作的經驗後，患者常會因害怕症狀再次突襲，而開始避免外出或從事特定活動，生活範圍逐漸受限。嚴重者甚至可能完全足不出戶；在我接觸的個案中，不乏因此長達數年無法離家的人。

單次的恐慌發作通常歷時不長，大約在十五至三十分鐘後便會逐漸平息。然而，即使在沒有發作的時刻，患者也可能持續被「萬一又發作了怎麼辦？」的預期性焦慮所籠罩，使得維持正常生活變得異常困難。恐慌發作時，除了極度的焦慮與恐懼感，也可能伴隨下列多種身體或心理症狀——其中有些症狀，與我們先前討論過的「戰或逃」反應有所重疊：

1. 心悸或心跳加速
2. 大量出汗
3. 身體或四肢發抖
4. 感覺呼吸急促或喘不過氣
5. 有快要窒息的感覺

6. 胸痛或胸部不適
7. 噁心或腹部不適
8. 頭暈或感覺快要昏厥
9. 現實感喪失（覺得周遭環境不真實）或自我感喪失（感覺與自己疏離、不像自己）
10. 害怕失去控制
11. 害怕自己即將死去
12. 知覺異常（例如：覺得遲鈍或感到刺痛）
13. 身體感覺忽冷忽熱

如果這些症狀中你經歷了至少四項，並伴隨著極度的焦慮感，很有可能就是恐慌發作，建議尋求專業人士的診斷。恐慌症的治療，通常會結合藥物治療與心理治療。其中，心理治療常以我們先前談過的認知行為療法（CBT）為基礎來進行，約有七至八成的患者在接受治療後，病情能獲得顯著改善。精神科醫師們常用一個比喻：當不諳水性的人落水時，藥物治療如同拋出的救生圈，而心理治療則是教導他學會游泳。心理治療本身即是一個學習與鍛鍊的過程，用於協助個案調整那些會引發焦慮的想法與行為模式，是一套能終身受益的工具。

沒事的，一切終將過去

我的母親也曾有過類似恐慌發作的經驗。某天，她搭乘一棟老舊公寓的電梯時，電梯突然發出「哐啷」巨響並驟然停止。自那次事件後，她搭電梯或地鐵時都會感到心跳猛然加速，甚至一度以為是心臟病發作。這些情況其實也與「廣場恐懼症」（Agoraphobia）的症狀相關，此症狀常伴隨恐慌症出現，指的是在難以逃脫或不易獲得救援的地方感到焦慮。

儘管這些經歷對母親來說相當辛苦，但她仍能正常搭乘電梯和地鐵，日常生活並未受到嚴重妨礙，因此並未被正式診斷為恐慌症。不過，有過這些經驗後，她曾與我分享她的體悟：「那時候我根本不知道什麼是恐慌發作，只知道自己生意很忙，你爸爸工廠也很忙，兩個人都沒時間停下來休息。我只能不斷告訴自己：『沒事的、沒事的，幾個月前也這樣過，撐一下就過去了。』但真正讓我感覺神奇的是，那種感覺就像一陣風突然颳起，當下覺得自己『天啊，這次死定了』，可是只要撐過一段時間，所有不舒服又會像風一樣，突然消失得無影無蹤。」

我的母親是位很有智慧的女性，也常向身為精神科醫師的我諮詢生活煩惱。從母親的這番話裡，其實就蘊含了應對恐慌發作的重要心法。恐慌發作的感受，確實就像一陣突來的「風」——沒有哪陣風會永遠停駐在原地，風，終究是會穿拂而過的。你必須在心中建立這個認知：即使此刻感覺痛苦萬分、彷彿下一秒就要死去，但這一切終究會過去。基於這個核心概念，我將此應對方式稱為「微風技巧」。

此外，還有一個重要的部分是，要時時提醒自己「以前也曾遇過類似狀況，但我都撐過來了，沒事的。」這其實也運用了認知行為治療的原理：用「一切終將過去」這樣的「替代性想法」，去取代「再這樣下去我必死無疑」的「災難化想法」，進而改變我們的情緒與行為。不妨回想哲學家尼采的名言：「那殺不死我的，必使我更強大。」恐慌發作時，雖然感覺極度痛苦、彷彿瀕死，但它並不會真的奪去你的生命；走過這一切，你會因此變得更加堅強。

若症狀主要由特定情境或事物所觸發，也可以考慮採用「減敏療法」（Desensitization）。這種方法透過讓個案在安全、可控的情況下，逐步且重複地接觸引發焦慮的刺激源，藉此降低其敏感度。例如，若你因嚴重焦慮而無法搭乘飛機，治療師可能會引導你先進行放鬆訓練，然後從觀看飛機照片或影片開始，待狀況穩定後，嘗試到機場附近走動，接著再進入機場內部……

如此循序漸進地提高接觸強度，同時學習管理焦慮反應。這類治療通常難以獨力完成，建議尋求專業人士的協助與指導。

呼吸：身體傳遞給大腦的「鎮靜」信號

當你輕聲對自己說：「不會死的，沒事的，這會像微風一樣過去的。」若能同時配合深呼吸，效果往往會更佳。正如我再三強調的，深呼吸能幫助身體放鬆，並向大腦及自律神經系統發出信號：「放輕鬆，不用那麼緊張，你很安全。」當你感到冷汗直流、呼吸急促、心跳加速時，有意識地進行深緩呼吸，有助於讓這些身體反應平靜下來。須特別注意的是，焦慮時的呼吸短促反而會加劇不適，因此重點在於「緩慢地」呼吸，可嘗試練習「4-2-4 呼吸法」。

如果你曾有恐慌發作的經驗（或其他焦慮症狀），有些事項須留意。首先，酒精與咖啡因是會刺激自律神經系統的物質，最好盡量避免或減少攝取。其次，充足且品質良好的睡眠至關重要，雖然睡眠需求因人而異，但缺乏良好睡眠確實不利於維持心理健康。此外，也建議養成適度運動的習慣，散步或活動身體不僅有助於改善睡眠，也能提升日間活力、穩定情緒。

恐慌症無疑令人相當難受且痛苦，但好消息是，在大多數情況下，它是可以透過治療而顯著改善的。然而，如果你認定「我的人生全毀了，都是恐慌症害的！」，或將心力投注在「萬一又發作怎麼辦？我必須不惜一切代價阻止它！」，那麼，這種想法本身反而會加劇焦慮，使你承受更多不必要的煎熬。

試圖與恐慌發作硬碰硬、一決高下，就如同想要阻擋迎面而來的狂風一樣，是徒勞無功的。請記得，風既會來，也終會離去。所以，請放慢你的呼吸，同時告訴自己：「沒關係的，這一切就像風一樣，總會過去的。」當你如此應對時，它往往真的會像一陣風穿拂而過，彷彿從未發生。

焦慮症其實是相當常見的身心症狀，即使被診斷患有焦慮症，也依然能好好生活。關鍵在於務必接受適當的治療，並且積極地運用我們所學到的方法，例如：深呼吸、肌肉放鬆、計程車技巧、微風技巧，以及燙手山芋技巧等。縱然偶爾會遇到症狀看似惡化的時刻，也請記得告訴自己一切都會安然度過，只要按照自己的步調，一步步走下去就好。即使生命中偶有如同龍捲風般的猛烈衝擊，請相信：「這一切，也終將過去」。只要你願意踏實前行，這段旅程最終將會引領你抵達心之所向、內在安穩的所在。

你的睡眠品質好嗎？

征服睡眠的入睡技巧

身為精神科醫師，我在臨床上看過許多為睡眠所苦的人；然而，不久前，我自己也初次親身體驗到失眠的痛苦。我天生是個極易入睡的人，從不曾有過輾轉難眠的夜晚，即使在高三衝刺期，也未曾為了讀書而犧牲睡眠。但這樣一個「能睡」的我，卻因為自律神經失調，生平第一次飽嘗了失眠的滋味。

如同先前解釋過的，人體要進入睡眠狀態，需要交感神經作用減緩，讓負責休息與消化的副交感神經變得活躍。然而，我卻由於自律神經系統受損，導致交感神經（負責戰鬥或逃跑反應）時常被過度激發。這種持續的亢奮狀態對身體影響甚鉅，而其背後的原因，似乎與我的血壓偏低有關——因為身體為了努力提升血壓，產生了這樣的代償反應。

自從生病以來，我常因體內「戰或逃」反應突然啟動，而在睡夢中驚醒。過去那個早上總需要鬧鐘才能在八點勉強起床的我，如今卻常在凌晨四、五點就霍然睜眼，意識完全清醒，那感覺就像眼前突然出現一頭猛獸，瞬間將我從睡意中驚醒一般。身體明明極度疲憊，卻無論如何都無法再次入睡，就這樣在不明所以的狀態下，度過了許多痛苦難熬的時光。

你一天睡幾個小時？

睡眠不足會對身心健康引發諸多問題。從心理層面來看，最直接的影響便是容易變得煩躁易怒。我自認平時脾氣尚屬溫和，但在實習醫師階段，性格卻有了明顯轉變。當時，連續工作三十六小時而無法好好闔眼，這種「睡眠酷刑」幾乎是家常便飯。有位護理師就曾對我說：「醫師，我剛認識你時，覺得你是個很和善的實習生，沒想到後來變得愈來愈嚴厲了。」確實，只要睡眠不足，任何人的整體情緒都難免受到影響，也更容易衝動行事，時常處於一種稍有不順就可能被激怒的狀態。

此外，若你本身就有焦慮、憂鬱等精神方面的困擾，那麼睡眠品質的好壞，更會直接影響病情的穩定、恢復與復發風險。睡眠至關重要——如果睡眠問題未獲妥善處理，幾乎不可能有效地應對相關的精神症狀。干擾睡眠的常見因素之一就是壓力，因此平時做好壓力管理格外重要。同時，也建議盡可能避免或減少攝取咖啡、茶、能量飲料等任何含有咖啡因的飲品或食物。

睡眠對於學習成效與問題解決能力，同樣扮演相當關鍵的角色。原因在於，我們白天所收集的各種記憶和資訊，主要會在睡眠期間被大腦整理、鞏固，並轉存為長期記憶。因此，如果你想幫助孩子的課業學習，就必須確保他們有充足的睡眠時間。無論大腦吸收了多少內容，一旦睡不好，這些資訊就很難真正轉化為「自己的知識」。你或許也有過類似的經驗：考試前一晚熬夜硬 K 書，考完後卻忘得一乾二淨。

睡眠對身體健康也極其重要，有助於放鬆白天持續緊繃的肌肉與神經系統，協助維持荷爾蒙平衡，並恢復免疫系統功能，保護身體免受各種疾病侵擾。睡眠不足可能與肥胖風險增加有關，也可能加速皮膚老化——所謂「美女是睡出來的」，這句話確實有其道理。不僅如此，曾有研究結果顯示，就男性而言，睡眠品質良好者的平均壽命，比睡眠品質較差者要長約五年*。

* Li H.、Qian F.（2023）。30 歲時的低風險睡眠模式、死亡率與預期壽命：一項針對 172,321 名美國成年人的前瞻性研究。《美國心臟病學院雜誌》，2023 年 3 月，81（8_補充），1675。

獲得適量的睡眠時間，是衡量睡眠品質的重要標準。美國睡眠醫學學會建議學齡前孩童的睡眠時間應為十到十二小時、學齡兒童為十小時、青少年約九小時、成年人約八小時，而老年人則必須睡七小時左右。雖然因人而異，但這是大多數人所需的睡眠時間。

請檢視一下自己的睡眠時間吧！有時，你可能會為了某個短期目標而不得不犧牲睡眠來讀書或工作；但請切記，反覆或長期地縮減睡眠時間，不僅會危害身心健康，也會降低智商喔！

你的「睡眠衛生」習慣如何？

有些生活習慣對於維持健康的睡眠至關重要，這些良好習慣統稱為「睡眠衛生」（Sleep Hygiene）。如果你的睡眠品質不佳或不易入睡，那麼確實遵行睡眠衛生守則就非常重要了。一邊抱怨睡不好，一邊卻不願遵循睡眠衛生建議，就好比口口聲聲說怕感染新冠肺炎，卻不戴口罩也不洗手一樣，難有成效。睡眠衛生的準則項目繁多，這裡僅介紹其中相對容易執行、也較為關鍵的幾項。

睡眠衛生守則大致可分為就寢前應注意的事項，以及睡眠期間的要點兩大類。首先，我們來看看就寢前務必留意的三項主要睡眠衛生守則。

1. 維持規律的睡眠時間

要養成健康的睡眠習慣，關鍵在於為身體設定一個固定的生理時鐘。最理想的狀況是固定在晚上十點至十一點就寢，隔天早上六點至七點起床，睡足八小時。然而，考量到聚餐、追劇等社交娛樂活動，要嚴格遵守並不容易。即便如此，還是強烈建議最晚應在午夜十二點前上床。倘若你是標準的「夜貓子」，實在無法早睡，那麼至少要做到維持「規律」的作息時間。

2. 下午六點後，避免攝取咖啡因與酒精

有些人或許聲稱自己即使晚上喝咖啡也能照睡不誤，但為了確保深層的睡眠品質，一般建議下午六點過後，最好避免攝取任何已知會干擾睡眠的咖啡因和酒精。以我個人為例，由於對咖啡因相當敏感，我通常下午兩點以後就不再飲用咖啡。此外，雖然有些人誤以為酒精有助於入眠，但即使它可能縮短入睡時間，卻會嚴重影響後續維持高品質睡眠的能力。

3. 就寢前，將手機移開身邊

以我自己為例，即使有時因美國與韓國的時差，不得不在深夜處理公務，我仍盡力避免將手機放在床邊。特別是當你正為失眠所苦時，強烈建議絕對不要在床上滑手機。若因需要鬧鐘功能而難以做到，請考慮添購一個專用的鬧鐘。為了避免在沒有手機的情況下感到無聊，不妨在床頭準備一些內容輕鬆的書籍或雜誌，隨手翻閱。如果你發現自己很難徹底與智慧型裝置「斷捨離」，另一個折衷方法是使用功能較為單純的設備，例如電子書閱讀器，或是移除社群媒體、網路瀏覽器及電子郵件等應用程式的平板電腦。你可以將這類裝置限定用於閱讀電子書、聽有聲書、做筆記、寫日記，或使用冥想引導 APP 等相對靜態的活動。同時，也別忘了將螢幕設定為藍光過濾模式，以減少對睡眠的干擾。

接下來，我們看看睡眠期間應留意的幾項主要守則。

1. 徹底遮擋光線

營造良好的睡眠環境，徹底遮擋光線是相當重要的一環。雖然降低噪音也很關鍵，但光線對睡眠的直接影響通常更大。普遍來說（儘管有個別差異），環境愈暗愈有助於入睡。

有些人曾在床上看電視或滑手機時納悶：「怎麼還不睏？」原因就在於手機、筆電等電子螢幕所發出的藍光，會抑制掌管睡眠的褪黑激素分泌。因此，睡前應盡量避免使用這些電子產品。許多睡眠專家建議，就寢前一小時就該停止接觸螢幕。

若難以完全隔絕環境光源，使用眼罩是個好方法。考量到東方人的眼球結構普遍較為突出，一般而言，選擇立體剪裁的眼罩會比平面服貼型的來得舒適。眼罩對於提升睡眠品質的助益，往往超乎想像，而若覺得戴眼罩不適應，也可改用遮光窗簾。我自己便是同時使用遮光窗簾與眼罩，以求最佳效果。

2. 練習睡前冥想

真正優質的睡眠，需要身心同步進入休息狀態。冥想練習有助於平靜紛亂的心緒，為身體進入睡眠做好準備。你可以嘗試播放 YouTube 等平臺上為數眾多的睡眠引導冥想影片，或利用各種冥想 APP 中提供的引導式冥想（Guided Meditation）功能，跟隨指導進行即可。冥想的形式多樣，包含深呼吸練習、肌肉放鬆引導、自我肯定句、意象視覺化等等。建議你可以廣泛嘗試，找出幾種最適合自己的方式，將它們儲存下來，並養成睡前規律練習的習慣。

很多人準備睡覺時，腦中總不自覺地開始重播今天搞砸的事情或犯下的錯誤，反覆想著「我當時為什麼會那麼做？」或「事情怎麼會這麼不順利？」——在這種時刻，請務必練習用「其實那樣處理已經很不錯了」或「沒關係，明天會更好的」這類想法來安慰自己，而不是任由自我責備或懊悔的情緒滋長。

同時，試著培養樂觀、正向與感恩的心情入睡：「至少今天還算順利，這就很值得感恩了。」懷抱感恩之心，有助於活化大腦的前額葉皮質與下視丘，穩定情緒，並達到誘導睡眠的效果。你可以在睡前透過簡短冥想，回顧一天當中值得感謝的人事物，或者用書寫感恩日記、進行感恩祈禱等方式來練習。

不過，由於改變某些生活習慣確實不易，因此在努力調整、改善習慣的過程中，有時可能也需要藥物的暫時輔助。市面上助眠藥物種類繁多，副作用也各有不同，請務必諮詢醫師的專業意見，再決定是否需要以及如何服用。

我深信，這些做法對緩解失眠困擾、提升整體睡眠品質，將有顯著幫助。就從現在開始，為自己建立專屬於你的健康睡眠習慣吧！不僅能在隔天感受到身心的神清氣爽，更是透過當下的「睡眠投資」，為自己未來的長遠健康打下良好基礎。

發掘 ADHD 的潛力

紫菜飯捲技巧與
專屬空間技巧

有時會有人好奇，患有 ADHD 的我，是如何看診、治療病人，並以醫師這個身分維持日常生活的。首先，我在工作崗位上會投入大量的精力與努力，盡力保持專注；同時，身邊的同事與前輩也給予我許多關照。雖然我確實有不擅整理、不夠細心的毛病，以至於時常出錯，但我深信，最重要的是全心全意地去治療、關懷病人，克盡醫師的本分——正因如此，我才能獲得主管與同事們的肯定及體諒。

我先前曾提過，帶有過動特質的人，往往擁有一旦對某件事物著迷，便能高度投入的優點。在我的臨床經驗中，常接觸到一些因治療效果不彰而轉介來的重症患者。無論個案的情況多麼複雜棘手，我總是堅持不放棄，努力找出過去可能被忽略的診斷環節，積極尋求解決之道。或許正是看見我這份執著與投入，同事才肯定我是一位盡責的醫師吧？當然，我也經常運用所學的行為治療方法，來調整與修正自身的過動症狀。

ADHD 的各種症狀，確實會在求學或職場生涯中帶來不少挑戰。例如，我偶爾會忘記與主管的會議，結果收到對方傳來「你在路上了嗎？」的關切訊息；也曾因辦公室過於凌亂，而被溫馨提醒需要整理。值得慶幸的是，透過學習與運用各種「行為策略」（Behavioral Strategies），我得以在一定程度上彌補自身的某些不足。接下來，我將介紹幾種非常有幫助的方法。

彌補「工作記憶」不足的方法

帶有過動傾向者，其「工作記憶」（Working Memory）功能往往相對較弱。所謂工作記憶，指的是大腦能暫時儲存並操作當前接收到的資訊的一種能力。我們可以將它比喻為大腦的「便利貼」或電腦的「隨機存取記憶體」（RAM），它是一個容量有限、用於暫時性認知處理的工作空間。

舉例來說，假設你必須在回家途中順道買幾樣東西，還要去拿送洗的衣物。在開車回家的路上，你的思緒必須一直記住這兩件事。但只要稍微分心，這個腦中的「臨時作業空間」就可能變得混亂不堪，各種雜念不斷湧現，像是「啊對了，說好今天要打電話給孩子的老師！」、「晚餐要煮什麼好呢？」……結果，最終把該拿的乾洗衣物忘得一乾二淨。正因如此，有過動症狀的人們，很難在不遺漏細節的情況下，有條不紊地完成所有事情。

透過建立並確實使用「核對清單」，以及設定多重提醒通知等方式，可在相當程度上改善因工作記憶不足及容易分心所帶來的困擾。幸運的是，我們能受惠於行事曆 APP、AI 語音助理等先進科技工具，大大彌補了工作記憶的不足。我常覺得，若不是生在科技如此發達的今日，我的生活恐怕會更為辛苦。

為了記住待辦事項，許多人會條列「待辦清單」（To Do List）。不過，有些時間管理專家認為，直接使用行事曆 APP 其實更為有效。對我而言，毫不誇張地說，我的日常生活幾乎完全仰賴行事曆 APP 來運作。我不僅會將當天的工作記錄其中，就連未來幾天、幾週內要處理的事項，也會一併排入行事曆，並針對每項任務設定兩到四個提醒通知。這些提醒會持續跳出，直到我確實完成該事項為止。例如，如果某件事必須在一週內搞定，我就會設定提醒，確保那一週的每一天都會收到通知。

我家裡各個角落也都設有 AI 語音助理，甚至連洗手間裡也放了一個。這是因為即使只是上個廁所、沖個水的短暫片刻，我的記憶也可能無法牢靠地留存。因此，往往是坐在馬桶上時，一旦腦中閃過要做的事或某個想法，我會立刻透過語音指令，將其記錄到行事曆上並設定提醒。事實上，過沒多久我就真的忘得一乾二淨了，連我自己都感到驚訝。

此外，「語音備忘錄」和電子郵件的「預約寄信」功能，也是我經常使用的實用工具。例如不久前，有場原定本月要和主管開的會議，因雙方行程對不上而延到下個月，我們約定好月底時再聯繫、敲定確切時間。與主管通完話後，我立刻就寫好了一封主旨為「詢問上次延期會議之合適時間」的電子郵件，並設定在月底自動寄出。善用各種科技輔助，對成人 ADHD 患者的生活管理確實大有助益。除了這些科技工具外，接下來我還想再介紹兩種對我很有幫助的行為治療方法。

發掘 ADHD 潛力①：紫菜飯捲技巧

各位喜歡吃紫菜飯捲嗎？想像一下，若要直接拿起一整條未切的細長飯捲來吃，不僅容易噎著，也不方便咀嚼。但是，如果先用刀將它細細切成一段段的小圓段，那就方便入口了。對於有過動傾向的人來說，要長時間專注於完成一件事常是困難的，光想到龐大的任務量就可能讓人感到喘不過氣、不知從何著手。這時，如同切紫菜飯捲一般，將待辦事項「分切」成許多容易入口的「小段落」，會非常有幫助。這種將任務量大或需時較長的工作，分割成數個適當分量來逐一完成的方法，便是「紫菜飯捲技巧」。

回想當初，患有 ADHD 的我，是如何讀完醫學院的呢？正因為我難以長時間將注意力集中在單一科目上，我的策略便是將所有科目都切割開來，分段研讀。事實上，紫菜飯捲技巧不僅適用於 ADHD 患者，對一般人來說也是相當實用的方法。

分割任務的方式主要有兩種：可以按「時間」來切分，也可以依「任務內容」（Task）來劃分。假設考試範圍包含十章、總計約兩百頁的內容。首先，可以將總頁數除以你所剩的準備天數。若還有十天時間，那麼一天大約須讀二十頁——這就是一個「紫菜飯捲」的分量。當你將目標設定為一天讀完二十頁時，心理負擔會遠比直接面對兩百頁來得輕鬆許多。

接著，還可以將一天要完成的分量，再細分成數個可在三十分鐘至一小時內處理完畢的更小單元，每完成一個單元就在清單上做個記號。如果家有年幼的過動兒，也可以在孩子完成預計分量時，給予貼紙等小獎勵作為鼓勵。然而，一直讀同個科目難免感到枯燥乏味吧？這時，就換個科目來讀吧！

以我自己為例，若需要花一整天準備考試或撰寫論文，我絕不會連續數小時只鑽研同一個科目。我會以三十分鐘到一小時為單位，專注於某一科，時間到了就換讀另一門科目。透過這樣轉換研讀內容的方式，能有效降低枯燥感。在轉換的空檔，也可以吃點零食、上個洗手間，或者稍微伸展一下、喘口氣。像這樣以時間或科目作為區隔，將大任務拆解成小段落，對難以長時間維持注意力的過動者助益甚大。

身為醫師和教授，工作任務常常如同一條條長長的紫菜飯捲般接踵而來。面對這些工作，我會先將它們逐一分切，設定好自己一次能「消化」的分量。例如，若需要撰寫一篇論文，我會這樣規畫：「今天先完成兩個段落，明天再推進兩頁的內容。」

當採用「按時間切分」的方式時，為了能直觀地掌握剩餘時間，我常會在身旁放置計時器或沙漏。近年來市面上也出現了許多運用視覺化效果的計時器 APP，稱為「視覺計時器」（Visual Timer）。由於許多帶有過動傾向的人對時間流逝的感知較弱（常被形容為「沒有時間概念」），視覺計時器能幫助他們「看見」時間，因此特別有幫助。

與「紫菜飯捲技巧」相似、同樣是利用時間切割來管理任務的，還有著名的「番茄工作法」（Pomodoro Technique）。它的基本原則是：專注工作二十五分鐘後，休息五分鐘；如此循環四次之後，可以安排一次較長的休息時間，約十五至三十分鐘。

發掘 ADHD 潛力②：專屬空間技巧

帶有過動傾向的人，往往深受健忘之苦——我的記性就非常差，連先生都常開玩笑說，我能像這樣好好過著每一天簡直是個奇蹟。

要克服健忘問題，行為治療的第一步通常是練習「減少與淨空」。近年流行的「極簡主義」也是類似的概念。提到極簡，我們多半先想到物品的精簡，但實際上，需要減少的不僅是擁有的物品數量，也包括我們承擔的「待辦事項」。如同我先前所強調的，除非某件事對我而言至關重要且意義非凡，否則我會盡量學著說「不」。

我記得以前有個協助整理空間的韓國電視節目叫做《新穎的整理》。節目中的整理專家李知烘女士建議，可以將物品大致分為「必需品」與「欲望品」兩類，只要不是當下真正需要的東西，就練習分享出去或果斷捨棄。如果你本身或孩子患有ADHD，這個「減少與淨空」的過程可說是必不可少的。原因在於，ADHD 患者本就較缺乏整理歸納的能力，若生活空間再充斥著大量非必要的物品，不僅容易顯得雜亂無章，更會導致真正重要的物品難以被及時找到。

在執行完「減少與淨空」後，接下來的關鍵步驟，便是為留下來的必要物品找到各自專屬的固定位置——我將此稱為「專屬空間技巧」。在美國，有句俗諺說「萬物皆有其家」（Everything Has A Home.），意思是手錶有家、眼鏡有家，每一樣物品都該有屬於自己的「家」，也就是固定的歸處。專屬空間技巧的核心，正是為每件物品指定一個明確的位置，決定好之後，就要練習將它們送回各自的「家」。

請協助不擅長收拾整理的孩子練習使用「專屬空間技巧」。可以告訴孩子：「就像你有自己的房間一樣，每樣東西也需要有自己的房間哦！我們一起來決定，書包最適合的房間在哪裡吧？」然後，與孩子共同決定各項物品的固定位置。可以在預計吊掛或擺放物品的地方設置掛勾或收納箱，甚至用膠帶在地板或牆上貼出一個「家」的輪廓。在收納箱或標籤上寫明該空間所屬物品的名稱，例如「智英的書包」、「智英的帽子」，也是個好方法。一旦為每樣物品都指定好「房間」後，就可以引導孩子「我們把它送回自己的房間吧！」——透過這樣的方式練習整理，就是專屬空間技巧的應用。

成年人當然也能從這個方法中獲益。首先，挑選出幾樣經常使用且重要的隨身物品，例如鑰匙、手機等等，然後為它們指定固定的「房間」。接著，就要刻意練習、努力養成將這些物品隨手歸回原位的習慣。

在記性極差的情況下，要確實歸位「所有」物品可能相當困難。因此，建議可以先挑選出對自己而言最重要的三到五樣物品，集中精力、好好地將「它們」確實歸位。對孩子來說，可能像是書包、便當袋、水壺；對我而言，錢包、手機、眼鏡大概就是我的「必備三寶」。養成為這三樣東西放回固定地點的習慣後，確實有助於我減少找不到東西的窘境。

坦白說，即使如此，這些物品也不是百分之百總在它們該在的地方，我依然時常花時間尋找東西。但是，若沒有「專屬空間技巧」的協助，情況肯定會更加混亂。我相信，只要持續運用這個技巧並養成習慣，東翻西找、遍尋不著物品的狀況，必定會愈來愈少。

以成年人來說，若是注意力不足的症狀嚴重到足以對工作、家庭生活造成影響，最好接受專業人士的診斷，並同時接受藥物治療與行為治療。藥物治療的主要目的是提高專注力與降低過動和衝動程度。多數情況下，如果症狀不嚴重，單靠持續性的行為治療也能改善病況。

其實我一直以來雖然有 ADHD，但也還算過得去。一直到四十多歲中期，我才第一次因為 ADHD 的問題去看精神科。單身時若是犯錯，都是自己收拾善後；但結婚之後，這些失誤就變成了更大的問題。原本就有些焦慮傾向的丈夫變得非常辛苦，因為他很擔心我會不小心釀成火災、交通事故、失竊或遺失等重大意外。最後，我去接受了精神科諮詢，並開始服藥治療。雖然現在我沒有再服藥，但我向丈夫保證，如果將來有了孩子，為了安全著想，我會重新開始藥物治療。

不久前和先生閒聊，他又再次提起，對於我生活中因 ADHD 而頻頻「出包」、時常一團亂的狀況，他其實十分擔憂。他舉例：「門打開了就要隨手關上啊！」——就因為我忘了關門，結果家裡的狗狗衝了出去，他還得親自跑去鄰居家把狗給領回來。

聽先生這麼一說，我心裡本就愧疚，被他唸了幾句後，心情更是跌到谷底。就在我感覺十分沮喪、悶悶不樂的時候，先生卻突然對我說：「不過，我還是愛你原來的樣子。」（I love you just the way you are.）

他是因為看我一臉難過，所以才想安慰我嗎？一向有些木訥的先生，竟不經意地說出這樣一句話，讓我內心深受觸動。確實，每個人都有自己的長處與短處，患有 ADHD 的人自然也不例外。我的那些不完美，我知道常讓先生操心掛念，但他卻告訴我，他愛的，正是我這個有著許多不足、卻真實存在的模樣。對我而言，還有什麼話語能比這句更溫暖動聽呢？聽到這句話的瞬間，我的眼眶不禁濕潤了。

想發掘並釋放 ADHD 的潛力，或許，第一步正是無條件地肯定與接納「我原本的樣子」吧？先懷抱著這份對自己的愛與認同，然後以此為基礎，去學習彌補自身的不足、強化既有的優點，進而發揮出潛能。每個人身上都必然有缺點，但無論我們有哪些弱點或不足之處，請永遠不要忘記：每一個生命，本質上都是值得被愛的。只要我們懂得持續努力改善弱項，並不斷培養、發揮我們的長處就好。

CORE MIND TRAINING PRACTICE

你是否正被一項艱鉅的任務壓得喘不過氣？無論是範圍龐大的考科複習、迫在眉睫的專案，或是來自四面八方的工作要求……如果你感到千頭萬緒、不知從何開始，同時擔憂能否如期完成，那麼，不妨試試看「紫菜飯捲技巧」！

1. 首先，根據各項子任務的「重要性」與「急迫性」，判斷哪些是最需要優先處理的項目，並依序排列出來。

   第一順位:

   第二順位:

   第三順位:

2. 將排定優先順序的目標或任務，進一步細分成數個容易管理的小步驟或小單元，然後依序完成每一個步驟。

3. 按照順序，為每一個小步驟分配合理的時間或工作分量，可以利用行事曆、手帳日誌或核對清單等工具來協助規畫與追蹤。

DATE	D-DAY

TO DO LIST

		☐
		☐
		☐
		☐
		☐
		☐
		☐
		☐
		☐
		☐
		☐
		☐

NOTE

對自己好一點沒關係

原諒自己的三個步驟

我說過許多次，我們的「存在」本身即是價值所在，這份價值並非源於我們擅長某事或達成了某項成就。或許，當你聽我這麼說時，會深表贊同、點頭如搗蒜；然而，一旦回到現實生活中，要真正肯定自我，往往不如想像中那般容易。首先，我們身處的社會環境並不簡單——在一個習慣用生產力、成就、學歷、外貌、財富等外在標準來衡量個人價值的氛圍裡，我們的自尊感很容易受到打擊、跌落谷底。不僅如此，在成長過程中，我們所接收到的指責與批評，也常常遠多於鼓勵及支持。「你就只會做這個嗎？」、「不好好讀書，以後會被看不起！」、「再這樣下去，你一輩子都趕不上別人！」——我們往往是聽著這樣的話語長大的。

長此以往，我們因而變得難以寬容地對待自己，反而習慣於自我責備：「看看別人，都提早一小時起床晨讀用功了，我怎麼還這樣？」、「我怎麼會這麼又笨又懶？」——我們究竟是怎麼演變成今天這個樣子的呢？

父母的話，會內化成孩子對自己說的話

要探究其原因，讓我們先回到生命的最初起點——也就是呱呱墜地的那一刻。新生兒無法獨立完成任何事，由於身體機能與認知發展均未成熟，他們必須完全仰賴主要照顧者（通常是父母）的悉心照料才能存活、長大。在孩子的身心逐漸發展到能夠獨立思考、自主行動，成為一個完整個體之前，父母（或照顧者）在很大程度上，代替著孩子的身體行動，也代替著孩子的大腦思考。

孩子正是透過父母這面鏡子來觀察、理解，並學習如何與世界互動、建立關係。在這個過程中，父母的價值觀、思考模式與應對方式，絕大部分都會潛移默化地傳遞給孩子，並被孩子吸收內化。

「跟你講幾次了，怎麼還是不懂？」、「昨天如果沒有貪玩，

作業不是早就寫完了嗎？」、「你怎麼這麼懶惰？」、「別的小孩都會自己做，為什麼就你做不到？」——這些話語，或許是父母在我們成長過程中，出於鞭策、期許我們做得更好的心意，如今卻變成了我們成年後，不斷在內心對自己重複播放的聲音。換句話說，我們之所以如此習慣於自我批判，常是因為在成長過程中，反覆接收了這樣的回饋模式，潛意識裡便也認定了：這就是我們「應該」對待自己的方式。因此，為人父母者，在對孩子說某些話之前，請務必停下來想一想：這句話，會是你希望孩子將來用來對待他自己的話語嗎？

大腦和身體長久以來根深柢固的習慣，在成年後有可能改變嗎？若是有意識地努力去改變對待自己的態度，那麼，你就做得到。即使犯錯或沒有達到預期，你也會因此對自己更寬容一些。為了達成這點，在此要介紹原諒自己的三個步驟，當你想責備自己時，不妨參考看看。

第一步驟：對自己說「就算這樣，你還是做得很好」

雖然答應自己從今天起要早上六點起床，但還是沒能做到；滿懷企圖心地開始運動，卻只維持了三天——這樣真的錯了嗎？

不，就算這樣，你還是做得很好。

你之所以能對自己說「你做得很好」（You're Doing Good），是因為你在當時所處的環境中，已盡力發揮了自己的能力與意志力，單是這一點，就表示你做得很好。我們的父母當年也是在他們所處的環境中盡了全力，這也是我們不該埋怨父母太常責備我們的原因。他們或許認為那樣做，孩子才會更有成就，所以才會那麼說。

請不要埋怨那些可能只給予負面回饋的父母，也別放棄了自己。既然現在已經長大成人，你可以當自己的父母，想像自己是個新生兒，重新好好養育自己。現今是百歲人生時代，如果你正值二十到四十多歲，未來還有六十到八十年的歲月。即使現在開始將自己想像成新生兒，你都還有活到六、七十歲的充分時間，更何況你是個已經會說話、會走路、會吃飯的「進階版」新生兒，前途是光明的。因此，從現在起就當自己的好父母，時常對自己說些鼓勵的話吧！

即便努力的成果不如預期，或者你正感覺自己身陷人生的低谷，也請試著回顧：考量到你獨特的成長背景、當前所面對的現實條件，以及你當時所具備的能力與積累的經驗——在那個時刻，你真的已經盡力而為了。

馬雅．安傑洛曾說：「盡你所能直到你更瞭解為止，然後當你更瞭解時，再做得更好。」如果至今你還有某些事做得不夠好，那多半是因為你對它還不夠瞭解的緣故；等到你慢慢累積了經驗和智慧之後，再做得更好就行了。

就算沒人知道你在這個崗位上是多麼費盡心力，你自己必須知道這一點。當你對自己感到失望、開始要責備自己時，請務必對自己說：「就算這樣，我還是做得很好。」原諒自己，就從這一步開始做起。

第二步驟：找出絆腳石

接下來，請想一想「為什麼那件事沒能完成？」。你是否總習慣責怪自己「太差勁」、「沒出息」或「意志力薄弱」呢？現在，是時候找出阻礙那件事的真正「絆腳石」了。同時，也要思考究竟是什麼擋住了你前進的道路？以及，該如何才能移除那塊絆腳石？

比如說，你運動總只有三分鐘熱度，問題或許不在於你「太懶惰」或「沒出息」，而可能是你的意志力尚未鍛鍊充足，或是你最初擬訂的計畫實在太過勉強。如果你真的很想達成這個目標，那麼就該思考：如何補強你相對缺乏的技巧、知識或調整心態？例如，你可以閱讀關於鍛鍊意志力與毅力的書籍，或是尋求他人的指導與督促。此外，比起獨自運動，找個朋友同行或許更能互相激勵，幫助你持之以恆。重點不在於你「做錯了」，而是過程中「遇到了絆腳石」——只要想辦法清除或繞過那塊石頭就好。

同樣地，如果你覺得自己身為父母似乎有許多不足之處，也請不要苛責自己是糟糕的媽媽或爸爸。你該思考的反倒是：「是不是我對孩子的瞭解還不夠深入？」或是「也許是我練習得不夠多，還缺乏正念與沉穩？」接著，你可以去尋找優質的親子教養書籍或課程來學習，也可以透過練習冥想提升內在穩定度。這樣做不僅能為孩子帶來更正面的影響，孩子們也能從旁觀察到父母是如何找出問題癥結（絆腳石），並為了移除障礙、改善現況而努力，繼而在無形中學習到這種積極應對的態度。

第三步驟：放下

最後一個步驟，就是練習「放下」。如同我先前談過的，我們內心深處常有害怕錯過某些東西的「錯失恐懼症」（FOMO）。看到別人都提早一小時起床晨讀，好像自己不跟進就不行；看到社群上大家都在拍健美身材照，似乎自己也該鍛鍊一番；聽到身旁朋友都送孩子去上超前進度的補習班，就開始焦慮若不照做，孩子就會落後於人。如果你真心想學會原諒自己、對自己更寬容，就必須練習放下這份源於比較和害怕落後的恐懼。

社群媒體尤其容易助長這種害怕錯過的心態，因為多數人傾向於只上傳那些光鮮亮麗、想炫耀或刻意展現給人看的部分。儘管每個人私下都有不完美、不欲人知的一面，卻極少有人會將這些真實狀況公之於眾。結果，我們往往看著別人的光彩，反觀自己卻似乎總有些辛酸。在這樣的比較下，我們自然也容易嚮往、想模仿那些別人得心應手的事。然而，請記得，每個人喜歡的事物、擅長的領域都各不相同；一味追逐那些在他人身上看似美好的事物，未必能讓自己擁有真正的滿足與幸福。

請不要因為做不到別人會做的事而自責「我為什麼做不到」，因為那條路很有可能不是你該走的路。對待子女時也是如此，沒有必要因為做不到其他父母都在做的某件事而感到內疚——不是只有為子女做每件事才能算是好父母。

就心理健康層面來看，做事必須盡善盡美的想法無濟於事，反而會徒增壓力。如果可以將「我必須完美無缺」的想法轉換為「我會在犯錯和失敗中成長」，你就能對自己更寬容一些。今天不是人生的最後一天，身處百歲時代的我們，只要在這一百年間逐步成長就好。

一個懂得原諒、寬待自己的人，往往也懂得如何原諒與體諒他人。你可能會用理解的口吻對別人說：「我知道你很努力在做這件事了，不過這個部分似乎對你來說還有點難度，也許我們可以試試這樣做？」各位難道不希望多待在這樣心胸寬厚、溫暖待人的人身旁嗎？那麼，請先讓自己成為那個溫暖對待自己的人吧！如同當朋友犯錯或失敗時，你會溫柔地安慰、鼓勵他一樣，也請你用同樣的方式善待自己。即使這個「我」有時顯得有些迷糊、不夠完美，也無須與他人比較，重要的是去肯定並鼓勵自己付出的努力。雖然不完美，但只要願意這樣鼓勵自己、並持續找出屬於自己的那條路，那麼無論是你自己、身邊的人還是孩子，所有人都能因此變得更加幸福。

謝謝自己，也謝謝你

培養正向力量的感謝技巧

生活中本就不可能只有順遂美好的事。當你身處困境時，感到痛苦難受是必然的；但情緒本身並無對錯，因此，即使你正感覺痛苦，試圖否定或壓抑這些情緒是徒勞無益的。然而，問題往往在於：當你愈是深陷絕望與痛苦之中，感受到的痛苦反而會愈發強烈——這便形成了一種內在的「惡性循環」。若任由這種惡性循環持續，勢必會對身心造成負面影響。因此，我們需要認識到惡性循環的相對面，即「良性循環」，也可稱之為正向心態的循環。只是，身處逆境時，真有辦法憑藉正向心態來啟動良性循環嗎？

我先前曾解釋過，「正向心態」不同於那種一味相信「凡事都會順利」、「我一定做得到」的盲目樂觀。真正的正向心態，是願意去接受眼前艱難的現實，同時也相信，即使在困境中，依然能發掘出其中積極、正向的面向。那麼，這股正向的力量究竟源自何處呢？在揭曉答案前，我想先為各位介紹一位人物。

正向的祕訣是感謝的心態

在澳洲，有位名叫圖莉雅．皮特（Turia Pitt）的女性。她過去曾是成功的採礦工程師，同時也是模特兒與運動員。二〇一一年，年僅二十四歲的她，在參加一場一百公里的超級馬拉松賽事時，不幸於途中身陷森林大火之中。受困數小時後，她雖奇蹟般獲救，但全身已有高達百分之六十五的面積受到嚴重燒傷。這場火劫之後，她展開了漫長的生死搏鬥，前後經歷了兩百多次的手術，最終失去了七根手指，臉部與全身都留下了難以抹滅的燒傷印記。儘管面對著這般常人難以承受的殘酷現實，圖莉雅．皮特並未絕望，反而展現出超乎想像的堅韌。醫師曾宣判她再也無法跑步，然而就在事故發生五年後的二〇一六年，她成功挑戰並完成了被譽為世上最艱難賽事之一的「鐵人三項世界錦標賽」。至今，她不僅出版了三本著作，更巡迴世界各地演講，為無數身處逆境的人們帶來希望和勇氣。

每當人們問起，她是如何從那般絕望的境地中重新找回力量、積極面對人生的，圖莉雅．皮特總是這樣回答：如果世上真有一種能應對所有困境的萬靈丹，那必定是「感謝」。她更強調，一個懂得時常感恩的人，是不會輕易對人生感到絕望的。

我自己原本也是個精力充沛的人，足跡曾遍及三十多個國家，也攀登過海拔五千三百公尺高的聖母峰基地營。然而，自從二〇一七年被診斷出患有自律神經失調與慢性疲勞症候群後，我的體力便時常感覺透支，往往稍微一活動，就會引發病理性的深度疲倦感，迫使我不得不立刻躺下休息。

有些日子，我甚至早上一睜眼便感到極度疲憊，不僅頭痛欲裂，全身也多處不適。這時，內心不免會埋怨：「為什麼一大清早就這樣？」甚至很自然地閃過「看來今天一整天都泡湯了」的負面念頭。每當這種時刻來臨，我就會「刻意地」練習拋開這些想法，轉而去尋找、思索生活中值得感謝的人事物。即使當下感覺有些勉強，我也會努力在心中表達那份感謝：「還有比這更好的事嗎？至少我還可以工作不是嗎？而且還有善良的先生在我身邊，我真的很感激。」

當你這樣練習時，內心便會逐漸被感謝的感受所濡染。圖莉雅．皮特也曾分享，她每天早晨都會靜心懷抱著感恩，將自身的康復、身旁愛護與支持她的親友以及健康的身體等點滴，一一銘記於心。

有些人可能會問：「如果絞盡腦汁也想不到任何值得感謝的事，那該如何感恩呢？」即使只是生活中的微小瑣事，也請試著從中發掘值得感謝之處。「今天的夕陽餘暉真是絕美，能親眼看見這一切，真好」、「感謝今天早晨能享用到一杯香醇的咖啡」、「感謝我的雙腿還能帶我行走」、「感謝有家人的支持與陪伴」、「感謝自己今天還算健康」、「感謝我還擁有『今天』這個禮物」。希望你每天至少能找出三到四件這樣的事，並練習在心中對它們表達感謝。

科學印證的「感謝」之力

我之所以建議從微小處著手、練習表達感謝，是有充分理由的。因為「感謝」對於心理健康確實具有極其顯著的正面影響，這一點已經獲得諸多心理學與臨床研究的證實。

首先，懷抱感恩之心有助於活化大腦的「前額葉皮質」與「下視丘」等區域；相對地，它能降低掌管負面情緒的「杏仁核」

的活躍程度。如同先前所述，前額葉皮質的活化，能提升認知學習、情緒調節及社交互動等多方面的能力。而當杏仁核趨於穩定、下視丘活躍度提升時，身體的壓力反應便會隨之減輕。下視丘作為連結神經系統與內分泌系統的樞紐，負責掌管新陳代謝過程及自律神經系統活動，調控著多種荷爾蒙分泌，並調節體溫、飢餓感、口渴感、疲勞感、睡眠週期與晝夜節律等關鍵生理功能。因此，常懷感恩之心，確實有助於促進新陳代謝、改善睡眠品質，並讓整體身心狀態更趨穩定。

不僅如此，當我們心懷感謝時，大腦中重要的神經傳導物質如「多巴胺」與「血清素」的分泌也會隨之增加。所謂神經傳導物質，即是腦細胞間用來傳遞訊息的化學信差。其中，多巴胺是腦部「獎勵迴路」中的關鍵要角，當我們達成目標或獲得獎賞時，多巴胺便會增加，帶來強烈的愉悅感受。

常被暱稱為「幸福荷爾蒙」的血清素，則有助於維持正向情緒、帶來內在的安定感，使心情舒暢平和。目前臨床上使用的抗憂鬱藥物，其作用機制多半與提升腦中血清素濃度有關。因此，當你常懷感恩之心時，原本可能鬱悶、低落的心境，便比較容易變得開朗一些，整體情緒狀態也會隨之改善

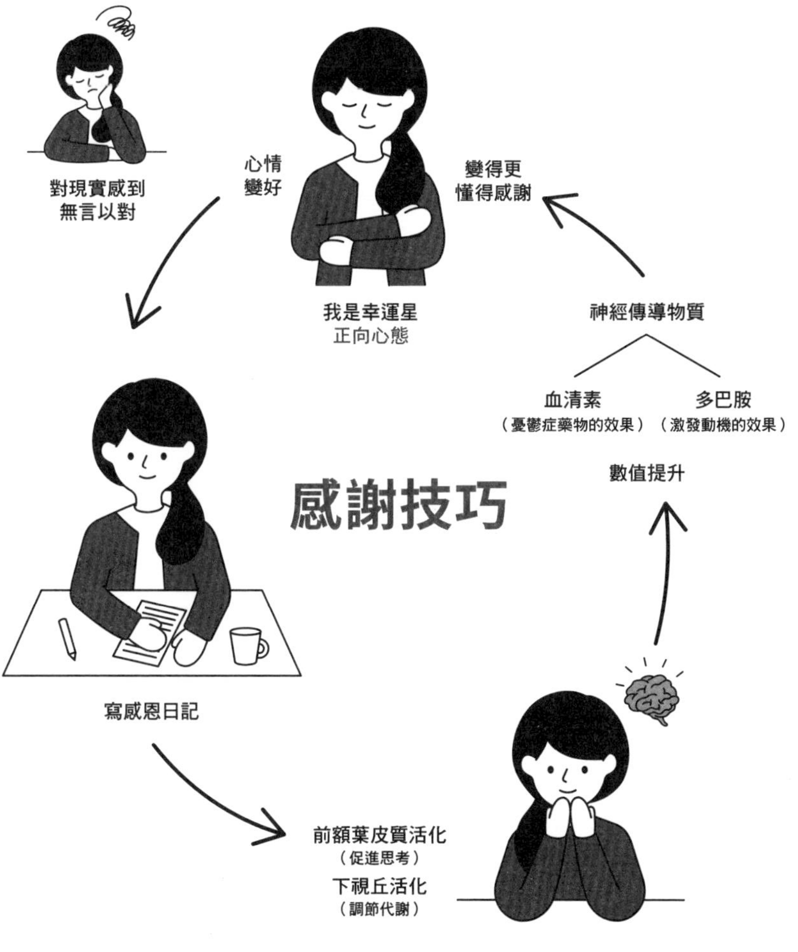
對現實感到
無言以對
心情
變好
我是幸運星
正向心態
變得更
懂得感謝
神經傳導物質
血清素
（憂鬱症藥物的效果）
多巴胺
（激發動機的效果）
數值提升
感謝技巧
寫感恩日記
前額葉皮質活化
（促進思考）
下視丘活化
（調節代謝）

在此介紹一項足以證明感謝力量的實驗研究。該研究將一群患有慢性疾病的參與者分為三組：第一組被要求撰寫感恩日記，第二組寫下令他們生氣的事情，第三組則記錄一般日常瑣事。對長期受慢性病痛折磨的人來說，要找出值得感謝的事誠屬不易，但研究要求參與者盡力去發掘，即使只是微不足道的小事也要記錄下來。經過十週後，研究人員評估了所有參與者的整體身心狀況與情緒狀態，結果發現：相較於另外兩組，持續撰寫感恩日記的第一組成員，不僅對未來更抱持希望，生活滿意度也顯著提升，甚至連因疾病而就醫的頻率也降低了*。

感恩練習，能改變大腦

另一項研究則透過大腦影像技術，觀察了一群持續三個月練習撰寫感恩日記的人。結果顯示，與未進行感恩練習的對照組相比，這些練習者不僅在日常生活中更常感受到感謝之情，其大腦中與感恩相關的區域，活動也呈現出更為強烈且持久的模式。這意味著，透過感恩練習持續刺激大腦特定區域的人，其

* Emmons, R. A., & McCullough, M. E. (2003). Counting blessings versus burdens: An experimental investigation of gratitude and subjective well-being in daily life. Journal of Personality and Social Psychology, 84(2), 377~389.

腦內的「感謝迴路」會變得更容易被啟動**。顯示大腦確實有其可塑性，如同肌肉一般，相關的神經迴路也會愈用愈發達。

可以說，感恩練習就是一種對自己大腦進行的訓練。若能持續進行，大腦中與正向情緒相關的神經迴路，便會如同打通的高速公路般順暢，進而創造出一種更容易進入正向狀態的良性循環。當然，遇到令人疲憊、心力交瘁的事情時，負面想法與情緒的慣性浮現是很自然的；然而，當你持續練習感恩，就能更輕易地跳脫出這種自動化的負面思考模式。

回到先前介紹的圖莉雅．皮特，她後來對那場馬拉松的主辦單位提起訴訟，因為主辦方在明知已有森林火災的情況下，仍堅稱火勢不會影響賽道而強行舉辦比賽。可以想見，當得知這個事實時，她的內心一定充滿了委屈與憤怒。然而，她最終並沒有沉溺於憤怒和怨恨的情緒裡，反而選擇了走向感恩之路。或許是因為她體悟到，當大腦中的「感謝迴路」活躍時，「怨恨迴路」便很難同時運作。相反地，對那些平時慣於抱怨的人而言，要轉而時常懷抱感恩之心，確實是相對困難的。

** Kini, P., Wong, J., McInnis, S., Gabana, N., & Brown, J. W. (2016). The effects of gratitude expression on neural activity. NeuroImage, 128, 1~10.

正是這份懂得感恩的心，讓她在承受劇痛的同時，仍得以保持樂觀的態度。在那場可怕的意外之後，她的男友始終不離不棄地陪伴在側；如今，兩人已是兩個孩子的爸媽了。現在的她，每一天都對擁有家人的陪伴充滿深深的感謝。

請各位也不妨試試看。無論你正遭遇何種困境，都請練習發掘其中值得感謝的人事物。對從未練習過感恩的人而言，一開始或許會感到困難；這時，可以試著將感謝的對象區分為四大領域，再從中去尋找：若能練習對「自己」、「他人」、「物質」，以及「經歷」這四個方面表達感謝，感恩的練習通常會變得比較容易上手。

我們尤其容易忽略要「感謝自己」這一點，因此請務必將其放在心上。練習對自己說：「雖然今天真的很辛苦，但我還是很感謝自己努力去上班。」儘管起初可能感覺彆扭、不習慣，但只要經常如此嘗試，你將會逐漸感受到自己心態有所轉變。

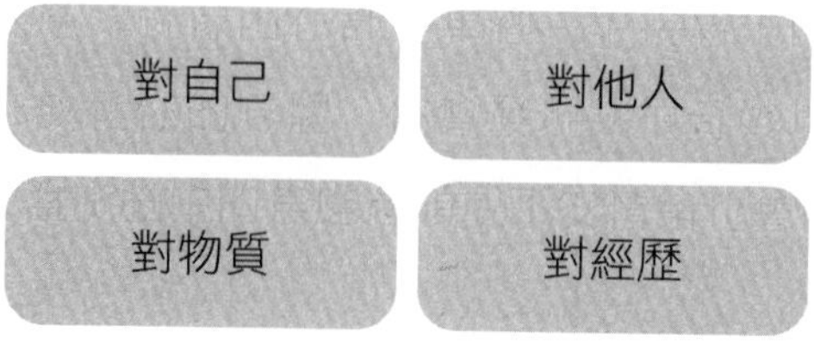

如果練習對象是年幼的孩子，有個好方法是將色紙摺成四等分，引導他們在每個格子裡寫下一件感謝的事。有家長分享說，孩子們起初可能連要找出三、四件事都感到困難，但持續練習幾週後，往往就能輕鬆寫出二十件值得感謝的事。父母們能親眼觀察到孩子們逐一寫下數十件感恩事項時，臉上那逐漸變得開朗、明亮的表情變化。

每天練習找出三、四件感謝的事，持續數週後，你的整體情緒及身體狀態通常會有所改善；若能堅持三個月，甚至可能觀察到大腦層次的變化。一定會有人心想：「我都已經這麼慘了，還有什麼好感謝的？」然而，感恩練習主要並非為了他人，而是為了滋養我們自己。這項練習既不須花費分文，也不會占用太多時間，請務必嘗試看看。

更有趣的一點是，當你向他人真誠地表達謝意時，接收到感謝的那一方，其大腦中的感謝迴路往往也會隨之活化——也就是說，同樣的積極效果，會同時發生在表達感謝者與接收感謝者身上。因此，我們不僅要認真練習對自己感恩，也要時常向身邊的人表達謝意；如此一來，方能共同打造一個彼此滋養、幸福共贏的社會環境。

全然的感謝：即使如此，也要感謝

我之所以特別建議身處困境的人們練習感恩，正是因為「感謝」本身就蘊含著強大的自我療癒力量——因此，我將其稱為一種「感謝技巧」。

不久前，我有幸採訪到我個人相當欣賞的暢銷作家——著有《少，但是更好》與《努力，但不費力》（*Effortless*）的葛瑞格·麥基昂。在一個多小時的訪談尾聲，我請教他是否有什麼話想對韓國的讀者們說，結果得到了一個頗令人意外的回應。他表示，韓國人在各方面能力很強，也達成了許多了不起的成就，但若能在社會文化中，融入更為多元、豐盛的「感謝」元素，那就更好了。換言之，他相當坦率地指出了韓國文化中可能較為欠缺感謝的面向。接著，他也分享了書中曾提及、關於他女兒的一段故事。

故事是這樣的：幾年前，麥基昂先生當時十四歲的女兒，突然罹患了一種原因不明的神經系統疾病，不久後更因痙攣發作，導致身體半側癱瘓。儘管他們為此遍訪名醫，卻始終無法獲得明確診斷，也找不到有效的根治方法。據麥基昂先生所述，那段時間他們全家人為了女兒的病傾盡所有心力，然而，病情非但未見起色，女兒反而逐漸喪失了說話、寫字以及其他各種能力。孩子病得如此嚴重，為人父母卻束手無策，那份焦心與無助，該有多麼沉重？

正當幾乎被絕望淹沒、瀕臨放棄之際，麥基昂一家人決定轉換心態，練習對「當下仍舊擁有的一切」表達感謝。在那樣看似毫無指望、令人心碎的處境裡，真能找到值得感謝的事嗎？難道心中不會充滿對上天或命運的埋怨嗎？然而，他們選擇去感謝：感謝還能與女兒共進晚餐的時光、感謝家人仍能相聚一堂彈琴歌唱、感謝彼此還能面對面傳遞與分享愛。

隨著這樣的心態轉變，麥基昂一家人逐漸找回快樂，並且也變得更加幸福。神奇的是，孩子的病情竟也一點一滴地好轉了——那是在他們開始對現況心存感激時發生的事，而非僅是全心投入治療的階段。慶幸的是，大約過了兩年後，孩子幾乎完全康復了。像這樣，在如此艱困的狀況下仍能保有感謝之心，麥基昂先生稱之為「徹底的感謝」（Radical Gratitude）。

當你深陷困境，感覺似乎沒有任何事值得感謝之際，是否也願意嘗試看看這種「徹底的感謝」呢？舉例來說，假使你是一位因育兒而心力交瘁的母親，或許可以試著找出這樣感謝的理由：「我很感謝寶寶如此健康地成長」、「至少我能擁有這麼多陪伴寶寶的時光，真的很棒」。又如當初我病情嚴重到無法工作時，我也曾練習感謝自己身體正逐漸復元、感謝還能保有工作，以及感謝先生始終陪伴在身旁。

不久前，有位聽過我分享「感謝技巧」並親身實踐的母親告訴我，在她們家發生了近乎「奇蹟」的轉變。這位母親原本因孩子進入叛逆期而焦慮不已——她十幾歲的孩子當時幾乎完全放棄了學業，甚至一度離家出走。

儘管當時她為孩子的事憂心忡忡，但這位母親決定，自己要先開始練習感恩，然後再嘗試引導孩子一起運用感謝技巧。起初，孩子相當抗拒，直說：「根本沒什麼好感謝的，我為什麼要感恩？」經過一番說服，孩子才勉強同意從非常微小的事情開始練習，例如：「今天早上吃的甜甜圈很好吃，謝謝。」然而，隨著這樣持續不斷地練習，一天天過去，他們發現生活中值得感謝的事情似乎愈來愈多，孩子也愈來愈主動地去發現感恩的理由。對於許多原本視為理所當然的小事，開始有了不同的感受，並能心懷感激。

幾個月後，這孩子發生意外，腿部受傷需要到急診室打石膏，還因此在醫院住了一晚。這位母親說，在返家途中，她那疲憊不堪的孩子卻對她說：「媽，還好我只是腿骨折而已，真慶幸我還活著。」孩子竟能說出這番連許多成年人在困境中都難以想起的話語——這確實展現了一種「徹底的感謝」，也是先前難以想像的、奇蹟般的轉變。

我親身見證過無數家庭，透過實踐「感謝技巧」而經歷了令人驚嘆的轉變。由衷希望各位也能加入這個行列，一同來創造屬於自己的奇蹟。期盼未來在人生旅途上遭遇無可避免的難關時，我們都能成為善於「尋找感恩之事」的高手。

若我們都能練習在日常中時時發掘值得感謝之處，就有機會將「惡性循環」逐步轉換為正向健康的「良性循環」。如此一來，我們的心靈也將隨之變得更加健康、強韌。而最終，如同葛瑞格．麥基昂先生所言，當我們的社會能充盈著更多的感謝時，我們便能共同成就一個眾人所期盼、幸福宜居的美好家園。

CORE MIND TRAINING PRACTICE

即便是面對生活中看似微不足道的瑣事，也請試著從中發掘值得感謝之處。當你開始練習感恩時，往往會隨之獲得更為正向的心態與平靜的內在；久而久之，你周遭的一切，或許也將因此發生美好的轉變。

對自己	對他人
對物質	對經歷

1. 試著列出你每天經歷、心中有所感激的事情。無論大小、具體或抽象的經驗，任何值得感謝的點滴皆可，也可以養成在睡前或早晨書寫「感恩日記」的習慣。如果一時之間想不出任何特別值得感謝的事，不妨就從練習感謝那些日常生活中習以為常、視為理所當然的人事物開始。

2. 練習對家人及身邊其他人，具體地表達感謝之意。剛開始這麼做或許會有些尷尬不自在，但若能經常練習，將會為關係帶來正面的影響。

---

3. 即使身處困境，也要試著從中尋找值得感謝之處，並練習看見其中可能隱含的正向信息。同時，也請發掘自己內在的優點與迎向挑戰的勇氣，並對自己為了克服困境所付出的每一分努力，表達真誠的感謝。

AFTERWORD

改變的浪潮會創造出健康幸福的社會，Rise Together

我初次來到美國時，外國人對韓國普遍還相當陌生；但如今，受到「韓流」文化熱潮的帶動，韓國的國際知名度已大幅提升，幾乎無人不曉。尤其在娛樂、醫療及科技等領域，韓國在全球已占有一席之地，教育水準與生活品質也名列世界前茅。這樣的國家，按理說，難道不正是個宜居且令人嚮往的國度嗎？

然而，根據之前公布的一項蓋洛普（Gallup）國際調查結果，顯示超過四成的韓國大學以上學歷受訪者表示，若情況許可，希望能移居到韓國以外的國家——這在一定程度上反映出，部分韓國人對韓國社會的未來，似乎並不抱持樂觀的期待。

與此同時，相較於上述這些亮眼的外部成就，韓國的國民心理健康相關指標，其表現卻十分令人憂心。韓國每年的自殺率，長居 OECD（經濟合作暨發展組織）會員國之冠；而國民幸福指數，更是長期在後段班徘徊。根據統計，僅二〇二一年一年，韓國的自殺死亡人數便高達一萬三千三百五十二名（資料來源：

保健福祉部、韓國生命尊重希望財團），平均每天有三十六人因此逝去，相當於每四十分鐘，就有一人選擇結束生命。

據悉，美國獨立紀念日長週末期間，各地發生的槍擊事件至少奪走了十一條生命；然而在韓國，平均「每一天」因自殺而逝去的人數，卻超過了三十六人。我提及此數據並非意在輕忽美國槍枝氾濫問題的嚴重性，而是想藉此突顯韓國自殺率已達到何等驚人且危急的程度。

當焦慮、憂鬱、不快樂與絕望感，已成為社會普遍關注的議題時，我們便不能再對整體的心理健康狀態視而不見了。倘若放任情況持續惡化，恐怕只會讓更多人對未來失去信心、選擇遠走他鄉。然而，如果我們能從此刻起，真正正視問題的嚴重性，並攜手同心、共同尋求解決之道，就有機會為那些瀕臨放棄希望的人們，重新點燃生命的火光。

相較於過往的社會氛圍，如今有愈來愈多人開始表達，渴望過著能尊重彼此多元樣貌、更專注於追求個人內在幸福，而無須過度在意他人評價的生活。這也呼應了本書不斷強調的核心訊息：我們的「存在」本身，就具有無可取代的價值。我衷心期盼，能有更多人透過閱讀本書，真正將這份寶貴的體悟深植心中，並從中汲取勇氣，活出屬於自己的人生。

然而，許多獲得了內在動力、心態上已有所轉變的人們，卻常感嘆，由於外在環境的限制，很難將所學真正落實於生活中。他們反映，社會普遍的期望以及同儕間的相互影響，使得人們似乎不得不隨波逐流、與他人比較，最終只能身不由己地活在競爭的壓力之下。

即使自己內心渴望改變，卻似乎總因他人的影響而窒礙難行——這個棘手的困境該如何突破呢？答案或許在於：需要的是群體的共同改變，而非僅僅是個人的單打獨鬥。當然，這絕非易事。正是基於這樣的體認，我與許多夥伴共同發起了「Rise Together」運動，期盼能凝聚眾人的力量，一起採取行動，共同創造一個更重視心理健康的社會。

誠然，有許多人或許會說，我們所面臨的現實並非如此樂觀，甚至對未來感到悲觀。然而，無論當前的景況如何，我們依然擁有選擇權——選擇要將一個什麼樣的社會，傳承給我們的下一代。與其不斷指責現實、安於現狀，我們更應該匯聚眾人的力量，傾注全力，努力激盪出一股將心理健康置於首位的新文化浪潮。

只要再多一個人加入我們，鼓起勇氣，喚醒那沉睡已久、曾被壓抑的內在潛力，改變就有可能發生。我真心期盼，正在閱讀本書的你，也能一同參與這股「Rise Together」的浪潮。目前在我的 YouTube 頻道、社團與社群等平臺上，已有約三十萬名夥伴同行。我稱呼這些夥伴們為「船長」（Captains）——他們象徵著能自主決定人生航向、而非被動依循他人或習俗生活的獨立個體。

各位「船長」們，請相信，我們一定做得到。從現在開始，我們可以攜手創造出一個真正讓人人都能幸福生活、人人皆嚮往居住、人人都樂於在此養育下一代之地，並將這樣美好的家園傳承下去。我衷心期盼，我們能一同掀起這股新文化的浪潮，讓五到十年後的我們，得以生活在一個更重視心理健康的社會中。到那時，當我們回望此刻，或許能為自己曾積極參與、共同推動了「Rise Together」運動而深感自豪。

期待心理健康的社會到來的那一天！

Rise Together

國家圖書館出版品預行編目資料

核心思維，喚醒你的內在力量：33 個心靈強化練習，告別焦慮 & 調適壓力，培養積極心態! / 池羅英（지나영）著；林育帆譯 .-- 初版 . -- 臺北市：日月文化出版股份有限公司，2025.06
336 面；14.7*21 公分 . --（大好時光；94）
譯自：코어 마인드
ISBN 978-626-7641-57-6（平裝）
1. 情緒管理 2. 自我實現 3. 生活指導
176.5 114004976

大好時光 94

核心思維，喚醒你的內在力量

33 個心靈強化練習，告別焦慮&調適壓力，培養積極心態！

코어 마인드

作　　者：池羅英（지나영）
譯　　者：林育帆
繪　　者：水青子
主　　編：俞聖柔
校　　對：俞聖柔、魏秋綢
封面設計：水青子
美術設計：LittleWork 編輯設計室

發 行 人：洪祺祥
副總經理：洪偉傑
副總編輯：謝美玲
法律顧問：建大法律事務所
財務顧問：高威會計師事務所
出　　版：日月文化出版股份有限公司
製　　作：大好書屋
地　　址：台北市信義路三段 151 號 8 樓
電　　話：（02）2708-5509　傳　　真：（02）2708-6157
客服信箱：service@heliopolis.com.tw
網　　址：www.heliopolis.com.tw
郵撥帳號：19716071 日月文化出版股份有限公司

總 經 銷：聯合發行股份有限公司
電　　話：（02）2917-8022　傳　　真：（02）2915-7212
印　　刷：軒承彩色印刷製版股份有限公司
初　　版：2025 年 6 月
定　　價：420 元
I S B N：978-626-7641-57-6

生命，因閱讀而大好